基本から学ぶ

発達と教育の心理学

藤田主一

［編著］

福村出版

JCOPY 〈出版者著作権管理機構 委託出版物〉

本書の無断複写は著作権法上での例外を除き禁じられています。複写される場合は，そのつど事前に，出版者著作権管理機構（電話 03-5244-5088，FAX 03-5244-5089，e-mail: info@jcopy.or.jp）の許諾を得てください。

まえがき

　本書『基本から学ぶ 発達と教育の心理学』は，大きくふたつの目的をもっ
て企画された。ひとつは，大学や短期大学の教職課程において，「教育心理学」
や「発達と学習」あるいは「発達心理学」を学ぶ学生のために基本的テキスト
として活用されることである。さらに，実際に学校現場で教職に就いている人，
地域において子どもたちと接している人，現在子育て中の保護者などのための
具体的な参考書として使用されることである。およそ 12 年前，私たちは福村
出版より前書である『新 発達と教育の心理学』（2013）を上梓し，幸いにも好
評を得て版を重ねてきた。本書はその全面的な改訂版であり，新しい研究成果
を加えた最新のテキストである。この領域の初学者の方々にもわかりやすい内
容に編集されている。そしてもうひとつの目的は，本書が取り上げている種々
のテーマをきっかけに，いま一度「心理学の教育」の目的を問い直し，教育の
場で教え，学ぶ意義を再考してほしいことである。

　乳幼児から大学生にいたるまで，家庭教育や学校教育，社会教育の場で学習
すること，参加することの楽しさを体験する子どもたちは多いが，他方では心
の問題から不適応行動に陥ったり，仲間とのトラブルで悩んだりする子どもも
多い。そこには，数多くの心理学的な課題が潜んでいるといってよい。このよ
うな現状を振り返っても，子どもたちを取りまく社会環境は，子どもたちに決
してよい面ばかりを見せていないことがわかる。

　教職課程の教室では，授業を担当する教員と，これから教師をめざして教養
や専門を学ぶ学生の両者が主役である。教育心理学は，教育に関するさまざま
な事柄について，心理学的に研究し，教育の効果を高めるために必要な知識を
提供しようとする学問である。したがって，教育心理学は子どもたちの成長発
達の問題から始まり，家庭教育や学校教育の方法，そこから得られる教育的な
成果などを明らかにしていくことが求められる。このように考えると，教員側
から専門的な内容を一方的に語るだけでは，学生の知的欲求を満足させられる

まえがき　iii

とはいいきれない。教室は，教員と学生との双方向の場でありたいし，テキストは授業の内容を確認したり，前もって学習したりできるわかりやすいものであることが必要である。

　本書は，上記の意図に沿って，発達の分野と教育の分野を中心に，それぞれの分野を専門的な立場から解説している。そして両者を並列するのではなく，「子どもと教育」という観点によって融合かつ統合している点に特徴がある。

　各章の執筆には，発達と教育にかかわる重鎮の専門家と新進気鋭の専門家に依頼した。各章とも最新の研究成果を取り入れながら，わかりやすい記述でまとめられている。また，各章に登場する著名な人物については，その出身国，生年と没年に加え，許されるかぎり顔写真を掲載したので親近感をもって確認してほしい。なお，本文中の用語の統一に努めたが，各章執筆者の専門性を尊重したところもあるのでご了解いただきたい。そして，与えられた紙幅では紹介しきれないことも考えられるので，さらに深い学習を希望する場合には，各章末に掲げた参考図書を活用していただきたい。本書のなかで展開されている発達と教育のテーマが，現在ならびに将来の視点に立って役立つことができれば幸いである。

　最後に，本書の企画から出版にいたるまで多大のご厚意をよせていただいた福村出版編集部の皆様に，甚深の感謝を捧げる次第である。

　2025 年 3 月

執筆者を代表して

編者　藤　田　主　一

まえがき　iii

第1章　教育実践と心理学の領域を学ぶ……………………………………1

1節　教育心理学の歴史と発展　1

1　教育心理学の意義　1／2　心理学の発展　1
3　科学的心理学の発展　2／4　教育心理学の成立　5
5　わが国の教育心理学　6

2節　教育心理学の方法　7

1　観察法　7／2　面接法　8／3　心理検査法　9
4　質問紙調査法　9／5　事例研究法　10／6　その他　10

3節　教育心理学の課題と役割　10

1　教育心理学の課題と役割　10／2　教育心理学の領域　11

第2章　発達の理論を学ぶ………………………………………………13

1節　発達とは何か　13

1　発達の定義　13／2　発達加速現象　14

2節　発達に影響を与える要因　14

1　成熟優位の立場（遺伝的要因を強調）　14
2　学習優位の立場（環境的要因を強調）　15
3　遺伝と環境の双方の要因を強調する立場　15

3節　人間発達の原理　17

4節　発達段階の考え方　18

1　発達段階と発達課題　18／2　発達の諸理論　19

5節　発達研究の方法　22

　　1　用いられる研究法　22／2　横断的研究と縦断的研究　22
　　3　コホート分析　23

第3章　発達（胎児期〜乳児期）を学ぶ………………………………………25

1節　受精から誕生まで　25

　　1　胎児の発達　25／2　誕生　25

2節　運動と感覚の発達　27

　　1　運動の発達　27／2　乳児の感覚認知機能の発達　28

3節　乳児期の社会的機能の発達　31

　　1　初期経験と臨界期　31
　　2　赤ちゃんのコミュニケーション機能　31／3　他者との関係　33
　　4　愛着（アタッチメント）の成立過程　34／5　愛着の重要性　35

第4章　発達（幼児期〜児童期）を学ぶ………………………………………37

1節　身体の発達　37

　　1　スキャモンの発達曲線　37／2　幼児期の全身運動の発達　38
　　3　児童期の運動・身体機能の発達　38

2節　ことばの発達　39

　　1　幼児の言語能力　39／2　児童期のことばの発達　40

3節　遊びの発達　40

　　1　幼児の遊びの発達　40／2　児童期の遊びの発達　42

4節　知覚・自我・思考の発達　43

　　1　幼児期の知覚の発達　43／2　自我の芽生え　44
　　3　ピアジェの思考の発達段階　44

5 節　エリクソンの発達課題　46

　　1　幼児初期（1 歳半〜 2, 3 歳くらい）の発達課題　自律性 vs. 恥・疑惑　46
　　2　幼児期（3 歳〜 4, 5 歳）の発達課題　積極性 vs. 罪悪感　47
　　3　学童期（児童期）の発達課題　勤勉性 vs. 劣等感　48

第 5 章　発達（思春期〜青年期）を学ぶ　49

1 節　青年期とは　49

　　1　青年期の位置づけ　49 ／ 2　心身に訪れる大きな変化　49
　　3　"生きる"ために生まれ変わる　52 ／ 4　親子関係の変化　54

2 節　自分をめぐる悩みとアイデンティティ　55

　　1　アイデンティティの確立　55
　　2　モラトリアムとアイデンティティ拡散　56

3 節　青年期の対人関係　57

　　1　青年期の友人関係　57 ／ 2　青年期の恋愛関係　58

4 節　将来の展望〜未来予想図〜　59

　　1　進路指導とキャリア教育　59 ／ 2　青年期のキャリア発達　59

第 6 章　発達（成人期〜高齢期）を学ぶ　61

1 節　老化と生涯発達　61

　　1　加齢と老化　61 ／ 2　人は生涯にわたって発達し続ける　62

2 節　成人期から高齢期までの心理・社会的発達課題　63

3 節　成人期におけるキャリア発達　64

　　1　キャリアは生涯を通じて発達する　64
　　2　人生を変える転機とその対処法　66

4 節　中年期の身体的変化と心理的変化　67

1　生物学的変化　67／2　家族における変化　68
3　職業における変化　69

5 節　対象喪失と死の受容　70

1　長くなった高齢期をどう生きるか　70
2　大切な人や物を失う対象喪失と死別　71
3　死の受容と幸福感　72

第 7 章　学習の理論を学ぶ··74

1 節　S-R 説：刺激と反応が結びつく　74

1　レスポンデント条件づけ　74／2　オペラント条件づけ　75
3　観察学習　77／4　技能学習　77

2 節　S-S 説：刺激が「ある意味をもつ記号」になる　79

1　S-S説とは　79／2　潜在学習　79／3　洞察学習　80

3 節　学習の方略：みんなでするか，ひとりでするか？　80

1　自己調整学習　80／2　協同学習　81

4 節　記憶の方略：学習内容を長期記憶に定着させるには？　82

1　記憶のしくみ　82／2　記憶の方略　84

第 8 章　効果的な学習指導を学ぶ································86

1 節　動機づけ　86

1　欲求・動機・動機づけ　86／2　動機づけの種類　87
3　動機づけが学習に与える影響　89

2 節　効果的な学習指導　91

1　学習者の能動性と学習　91

3 節　指導形態と学習　94

1　指導形態と学習効果　94／2　これからの学習指導　95

第9章　パーソナリティの理論を学ぶ················98

1節　個性と個人差の理解　98

　　1　人の特徴を表すことば　98
　　2　パーソナリティが形成される要因　99
　　3　パーソナリティを理解する　100

2節　パーソナリティの理論　101

　　1　パーソナリティの類型論　101／2　パーソナリティの特性論　103
　　3　パーソナリティの相互作用論　107／4　精神分析と精神力動説　108

3節　パーソナリティの測定　109

　　1　パーソナリティ理解の方法　109
　　2　心理検査の結果を歪める要因　109
　　3　心理検査に求められる条件　110

第10章　知能と学力のしくみを学ぶ················111

1節　知能　111

　　1　知能の要素　111／2　知能理論　112
　　3　知能指数IQと偏差知能指数DIQ　113

2節　知能研究へのアプローチ　114

　　1　心理測定法的アプローチ　114／2　発達理論的アプローチ　116
　　3　情報処理的アプローチ　117／4　神経生理学的アプローチ　118
　　5　比較文化的アプローチ　118／6　比較心理学的アプローチ　119

3節　学力　119

　　1　学力の概念と測定　119／2　学力の測定　119
　　3　知能と学業成績との相関　120
　　4　知能と学力の関係に影響を及ぼすもの　120

4節　これからの時代の知能と学力　121

　　1　Society 5.0 とSTEAM教育　121
　　2　非認知的能力（心の知能指数EQと社会情動的コンピテンス）　121

目次　ix

3 《そろえる》教育から《伸ばす》教育へ　122

第11章　教育測定と教育評価を学ぶ·······123

1節　教育評価とは　123

1　教育測定と教育評価　123 ／ 2　教育評価の目的　124
3　これからの教育評価　125

2節　学習評価の方法　127

1　学習評価の基準による分類　127
2　学習評価の機能による分類　128

3節　教育評価情報の収集　129

1　観察　129 ／ 2　面接　129 ／ 3　心理検査　129
4　学力テスト　131 ／ 5　ポートフォリオによる評価　131
6　パフォーマンスによる評価　131 ／ 7　ルーブリック　132

4節　よく使用される統計の意味　133

1　集団の特徴をとらえる　133
2　集団における個人の位置づけをとらえる　133

第12章　不適応行動と問題行動を学ぶ·······135

1節　適応と不適応　135

2節　欲求不満と不適応　135

1　欲求とは　135 ／ 2　基本的欲求　136 ／ 3　欲求不満　137
4　葛藤　137 ／ 5　防衛機制　138

3節　ストレスと不適応　138

1　ストレスとは　138 ／ 2　ストレスの影響　139
3　ストレスの量と質　140 ／ 4　ストレスの認知的評価　141

4節　学校における問題行動　142

1　問題行動　142
　　2　児童生徒の問題行動・不登校等生徒指導上の諸課題に関する調査　142
　　3　問題行動の背景　143／4　問題行動への対応　143

第13章　学校と教育相談の実際を学ぶ………………………………145

1節　教育相談と生徒指導　145

　　1　教育相談の導入　145／2　生徒指導と教育相談の位置づけ　145
　　3　教育相談の対象と支援構造　146／4　守秘義務と説明責任　147
　　5　保護者との連携と保護者対応　147

2節　教育相談の実施　148

　　1　児童生徒理解のための方法　148／2　教職員のメンタルヘルス　149

3節　連携と協働　149

　　1　チーム支援　149／2　スクールカウンセラー　150
　　3　スクールソーシャルワーカー　150
　　4　子どもと親の相談員（旧称：心の教室相談員）　150
　　5　地域との連携　151／6　外部のさまざまな関係機関との連携　151

4節　カウンセリングや心理療法の技法　151

　　1　カウンセリングの基本的な流れ　151
　　2　クライエント中心療法（人間中心療法）　152
　　3　マイクロカウンセリング　153／4　精神分析療法　154
　　5　認知行動療法　155／6　そのほかの代表的な心理療法　156

第14章　学級集団と仲間関係を学ぶ……………………………157

1節　学級集団とは　157

　　1　学級集団とは　157／2　学級集団の機能　158

2節　仲間関係の理解　159

　　1　ソシオメトリック・テスト　159／2　ゲス・フー・テスト　161
　　3　Q-U（Questionnaire-Utilities）　162／4　学級の雰囲気　163

3節　教師のリーダーシップ　164

　　1　リーダーシップとは　164／2　PM理論　164

4節　学級集団の指導　165

　　1　授業中における児童生徒の行動　165
　　2　学級集団の統制と児童生徒の自主性尊重の重要性　166

第15章　特別支援教育の現状を学ぶ··168

1節　障害の種類　168

　　1　知的障害　168／2　肢体不自由　169／3　視覚障害　169
　　4　聴覚障害　169／5　病弱・身体虚弱　170

2節　特別支援教育　170

　　1　特殊教育から特別支援教育へ　171
　　2　特別支援教育を受ける児童生徒　171／3　学びの場　171
　　4　教員免許状　173

3節　子どものニーズに応じた支援　173

　　1　個別の教育支援計画　173／2　個別の指導計画　174
　　3　教育相談・就学相談　175

4節　外部専門家　177

　　1　外部専門家導入の経緯　177
　　2　外部専門家に求められていること　178

5節　今後の教育について　179

　　1　2E教育　179／2　これからの特別支援教育　179

索引　181
執筆者一覧　190

第1章／教育実践と心理学の領域を学ぶ

● 1節　教育心理学の歴史と発展

1　教育心理学の意義

　今日，子どもを取りまく環境はかつてないほど揺れ動いている。マスメディアは毎日のように子どもたちの姿を報道し，彼らのさまざまな現状を社会に訴えている。幼稚園の園児から小学生，中学生，高校生，大学生にいたるまで，教育の場で学ぶことの楽しさを得る子どもは多いが，他方で，心の問題から不登校に陥ったり，仲間とのトラブルに悩んだりする子どもも多い。現代社会は，決して子どもたちによい面ばかりを見せていない。教育はどうあるべきなのかがあらためて問われているのである。

　教育心理学は，さまざまな教育実践上の課題を解決するために，教育活動を心理学的な立場から追究することで，よりよい教育の効果が期待できる学問である。その意味で，教育心理学は教育と心理学との単なる懸け橋にとどまるものではなく，独自の体系と専門性をもつ学問ということができる。

2　心理学の発展

　かつて，ドイツの心理学者ヘルマン・エビングハウス（1850-1909）は，著書 *Abriss der Psychologie*（1908）の冒頭で，「Die Psychologie hat eine lange Vergangenheit, doch nur eine kurze Geschiche. 心理学の過去は長く，歴史は短い」と述べている。

　私たち人間は，おそらく人類誕生のころから，人への関心をもっていたはずである。古代ギリシアのプラトンやアリストテレスなどは，さまざまな心理現

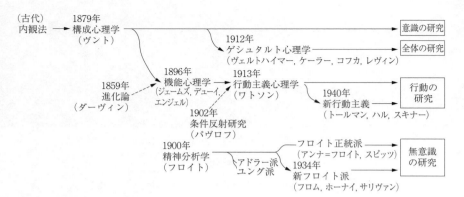

図 1-1　心理学の発展（岡村一成による）

象に関心をもったが，それは哲学的で宗教的，記述的な人間観であった。この人間観は 19 世紀後半まで続いた。現在の科学的な心理学が誕生してから百数十年の歴史を刻んでいるにすぎないのである（図 1-1）。

3　科学的心理学の発展

(1) 精神物理学　ドイツの物理学者で哲学者のフェヒナー（1801-1887）は，1960 年に「精神物理学」という分野を提唱した。彼は，感覚のような個人の心理的過程を物理的な現象と同様に測定する方法を見出したのである。精神物理学とは，精神と身体についての精密な理論，心身の対応関係ということである。「心理的な感覚量は物理的な刺激量の対数に比例する」というフェヒナーの法則は，心理学の重要な公式として高く評価されている。

(2) 構成心理学　ドイツの生理学者で心理学者のヴント（1832-1920）は，1879 年，ライプチヒ大学に世界最初の心理学実験室を創設し，心の問題を哲学から分離させて科学的に解明しようとした。彼は複雑な意識の過程を要素に分析し，要素の結合として意識の法則を証明しようとしたので，彼の心理学は構成心理学とよばれている。ヴントの実験室には世界各地から研究者が学びに訪れ，それぞれの国で心理学実験室を開設していった。心理学に新たな視点を取り入れたヴントの多大な業績をたたえ，1980 年にライプチヒ大学（当時はカール・マルクス大学の名称）で国際心理学会が開催され，世界各国から多くの

図1-2 ヴント

図1-3 ライプチヒの街並（1980年当時）

心理学者が参加した。図1-2は，参加者へ配布されたリーフレットに掲載されているヴントの雄姿，図1-3は当時のライプチヒの街並，奥の高い建物がライプチヒ大学である。

(3) 機能主義の心理学　ヴントのもとで学んだアメリカのティチナー(1867-1927)は，帰国後，ヴントの心理学をアメリカで発展させた。しかし，アメリカではアメリカに合った心理学が台頭してきた。それが機能心理学である。アメリカの心理学者たちは，人間の意識がどのような要素から構成されているかよりも意識の機能を重視していた。実用主義（プラグマティズム）の観点から環境に対する意識のはたらきに注目し，適応や個人差の問題に関心をもった。機能心理学を建設したジェームズ(1842-1910)は，情緒や知性，道徳などの発達的な課題，記憶や学習の転移，情緒的反応に関する研究をおこなった。デューイ(1859-1952)は学習を個人と集団の活動をとおして構築する方法を主張し，エンジェル(1869-1949)は機能心理学を実質的に発展させた。

(4) 行動主義の心理学　20世紀に入ると，アメリカでは意識を前提にした心理学の研究に対して，批判が起こった。ワトソン(1878-1958)は，科学としての心理学の対象は客観的に観察が可能であり，物理的に測定できるものでなくてはならないと主張し，そのためには意識を研究するよりは行動を研究するべきだと考えた。これが行動主義である。ワトソンの主張はヴント以来の内観という方法に対する批判であったが，アメリカの心理学界を中心に広く支持された。彼は，ロシアの生理学者パヴロフ(1849-1936)の条件反射の影響を

受けたといわれ，その原理を人間にも応用した。

(5) 新行動主義の心理学　　1930 年代になると，ワトソンの行動主義はアメリカのトールマン（1886-1959），ハル（1884-1952），スキナー（1904-1990）などの研究者に受け継がれていった。ワトソンは行動を刺激（S）-反応（R）で考えたが，ハルはワトソンの学説をさらに発展させ，刺激（S）-反応（R）との間に生活体（O：Organism）を置き，S-O-Rのシステムで行動を説明しようとした。この立場は新行動主義とよばれた。現代の学校教育は一斉授業の方法を用いているが，教室では児童生徒，学生一人ひとりの動機づけ（O）をいかに高めるかが問われる。

(6) ゲシュタルト心理学　　アメリカで行動主義が生まれたころ，ドイツではヴントの構成心理学に対立するかたちでゲシュタルト心理学が誕生した。ゲシュタルト（Gestalt）とは，「要素や部分に分析できず，しかも要素以上の性質をもつ全体」という意味のドイツ語である。この心理学を提唱したヴェルトハイマー（1880-1943），コフカ（1886-1941），ケーラー（1887-1967），レヴィン（1890-1947）たちは，知覚研究を出発点にさまざまな領域で活躍した。

(7) 精神分析　　精神分析は，オーストリアの精神科医フロイト（1856-1939）によって生み出された。彼は多くの神経症患者，ヒステリー患者を診察しているうちに，無意識の世界に抑圧されているその人の過去の問題が現在を動かしていることに気づいた。彼はまた，人格をイド（エス），自我（エゴ），超自我（スーパーエゴ）という 3 つの構造で考え，なかでもイドは性の衝動によって支配されると主張した。1900 年に出版された著書『夢の解釈（夢判断）』は，私たちの人間観，世界観を左右するほど大きな影響を与えるものになった。しかし，オーストリアの精神科医アドラー（1870-1937）やスイスの精神科医ユング（1875-1961）たちは，フロイトの考え方と異なるようになり，ついにフロイトから離れていくことになった。その後，ドイツの社会心理学者フロム（1900-1980），ドイツの精神科医ホーナイ（1885-1952），アメリカの精神科医サリヴァン（1892-1949）の 3 人の精神分析者による，新フロイト学派が生まれた。

(8) 日本の心理学　　心の問題に対する関心は江戸時代以前から存在していたが，現在のような心理学は主に欧米から輸入されたものといってよいだろう。

日本において，近代心理学の導入と発展に寄与した学者は，西 周（1829-1897），井上哲次郎（1856-1944），元良勇次郎（1858-1912），松本亦太郎（1865-1943）の4人である。西は，1875（明治8）年，アメリカのヘヴン（1816-1874）が著した*Mental Philosophy*（精神哲学）を「心理学」と訳出し，井上は，1882（明治15）年，イギリスのベイン（1818-1903）の著書を翻訳して『倍因氏心理新説』として刊行した。この2人の学者の翻訳紹介によって，日本の心理学の基礎がつくられた。元良は，1888（明治21）年，帝国大学（現在の東京大学）で日本における最初の心理学教授として授業をおこなった。当時は講義名を心理学といわず精神物理学とよんでいた。彼はアメリカでスタンレー・ホール（1844-1924）に指導を受け，帰国後，多くの弟子を養成した。日本の心理学は明治期以来，欧米の研究成果を取り入れて大いに発展したが，1945（昭和20）年の太平洋戦争終結とともに，再び新しい時代を迎え今日にいたっている。

4　教育心理学の成立

教育心理学の萌芽は，18世紀以降，フランスの思想家ルソー（1712-1778），スイスの教育者ペスタロッチ（1746-1827），ドイツの教育学者ヘルバルト（1776-1841），ドイツの教育者フレーベル（1782-1852）などに発しているといってよいだろう。ヘルバルトは，著書『一般教育学（教育心理学綱要）』（1806）を著し，教育の目的を倫理学に，教育の方法を心理学に求めた。彼は，教育心理学は一般心理学の法則を教育に適用させることで，独立した学問であると位置づけた最初の学者であった。ヘルバルトの教授理論（四段階教授法）は，弟子のツィラー（1817-1882）とライン（1847-1929）によって五段階教授法（予備，提示，比較，総括，応用）へと発展し，現代においても教授法の基礎になっている。

イギリスの自然科学者・生物学者ダーウィン（1809-1882）の進化論の強い影響を受けたイギリスの人類遺伝学者ゴルトン（1822-1911，ダーウィンの従弟）は，天才の研究や統計学，評定尺度の研究をおこない，遺伝や個人差に関する数多くの業績をあげた。一方，アメリカの心理学者ジェームズ・キャッテル（1860-1944）は，はじめて「メンタルテスト」を考案して知能検査への発展の先駆となり，ドイツの医学者クレペリン（1856-1926）は，精神疾患の分

類に大きく貢献した。1905年，フランスの心理学者ビネー（1857-1911）と精神科医シモン（1873-1961）は，政府の依頼によって，個人の知能を測定するためのテストを考案した。これが知能検査の始まりである。

　教育についての科学的なアプローチは，ヴントの弟子でドイツの心理学者・教育学者モイマン（1862-1915）によって始められた。彼は，実験の方法を教育に応用し，実験教育学という新しい学問を誕生させ『実験教育学入門講義』（1907-1914）を著した。この書物には，児童の身体的・精神的発達，児童の精神機能（記憶・思考・意志・情緒など），児童の個性，知能の個人差，教科学習における児童の行動，教科教授法のように，今日の教育心理学が扱う内容が取り上げられている。

　アメリカの心理学者ソーンダイク（1874-1949）は『教育心理学』（1903）を著し，教育心理学の体系化を図った。彼は，動物実験をとおして，準備の法則，効果の法則，練習の法則という学習に原理を発見した。また彼は，学力を客観的に測定するため教育測定運動を展開し，教育心理学の発展に多くの影響を及ぼした。そのため，ソーンダイクは教育心理学において「教育測定の父」とよばれている。

　その後，学習の転移，学習と動機づけ，測定・評価などに関する研究が次つぎと発表された。ドイツの心理学者シュテルン（1871-1938）は，多くの観察に基づいて『幼児期の心理学』（1914）を著し，同じくドイツの心理学者ビューラー（1893-1974）は，『青年の精神生活』（1921）のなかで「第二反抗期」という現象に言及した。ドイツの教育者・心理学者クロー（1887-1955）は，『小学生の心理学』（1928），『高校生の心理学』（1932）のなかでさまざまな段階にある子どもたちの発達を研究した。同じころ，アメリカの心理学者・小児科医のゲゼル（1880-1961）は，児童研究を科学的におこなうことに力を注いだ。

5　わが国の教育心理学

　わが国の教育心理学は，アメリカやヨーロッパの影響を受けて大きく発展したといってよい。とくに第二次世界大戦以降，わが国の教育改革がおこなわれるに伴い，従来の教員養成系大学のほかに一般大学においても教職課程が置かれ，教育職員免許状を取得できるようになった。そのなかで，教育心理学が教

員養成のための重要な科目として位置づけられたのである。

戦前にみられる教育心理学は，欧米の研究に刺激されて，その出発は児童研究であった。高島平三郎（1865-1946）らによる月刊雑誌『児童研究』に始まり，久保良英（1883-1942）による『児童研究所紀要』，ソーンダイク著『教育心理学』の翻訳などの書物の公刊，教育測定や知能検査に関する書物が発行された。なかでも楢崎浅太郎（1881-1974）の『日本教育的心理学』は，戦前における教育心理学の代表的な書物のひとつといえよう。

一方，1926（大正 15）年に東京文理科大学（現在の筑波大学）心理学教室編の雑誌『教育心理研究』が刊行され，教育心理学に関する実証的研究が次つぎと発表されるようになったことは，わが国の教育心理学の発展に大きな意義をもつものであった。

教育心理学研究の高まりを受け，1959（昭和 34）年に城戸幡太郎（1893-1985）を初代理事長として日本教育心理学会が発足し，同年に第 1 回大会が東京大学で開催された。機関誌『教育心理学研究』，『教育心理学年報』の刊行をはじめ，学会の活動は戦後の教育に大きな役割を果たしてきた。

● 2 節　教育心理学の方法

教育心理学の研究方法は多様であり，教育心理学のみに用いられる独自の方法があるわけではない。教育心理学のような実証科学では，心理学一般と同じように，研究の目的や性質によっていろいろな方法が用いられる。とくに教育実践という観点に立てば，①実態を把握する研究，②教育の効果を知るための研究，③指導上の必要から学習や性格，行動などのしくみを追究するための研究の 3 種に大別することができる。以下は，その主な方法である。

1　観察法

観察法（行動観察）は，教育のための資料を収集するもっとも基本的で重要な方法であるが，科学的という意味では観察の結果の記録，数量化，処理，解釈などの方法がきちんと定められていなければならない。教育現場で用いる観察法には，自然的観察法（児童生徒のありのままの行動を観察する）と実験的観

第 1 章　●　教育実践と心理学の領域を学ぶ　　　7

察法（観察すべき行動を人為的に起こさせる）がある。なかでも自然的観察法は，①面倒な設備を必要とせず，いつでも，どこでも簡単に観察できる，②実生活のなかで起こる行動や経過をそのまま見ることができる，などに特徴がある。

客観的に観察するためには，①目的意識をもつ，②視点を定める，③組織立てることが大切であり，「素朴」な気持ちと「謙虚」な態度を失わないようにしなければならない。学校における児童生徒の行動観察は，単に平常場面だけでなく，競争場面，危機場面，葛藤場面などのあらゆる状況についておこなうことが必要である。

観察を組織的におこなう方法として，時間見本法や評定尺度法などがある。時間見本法は，ある特定の場面を限定し，一定の時間間隔において反復観察した結果に基づいて児童生徒の全般的な行動特徴を把握しようとするものである。このようにすれば，偶然的に現れた1回の行動特徴で，その個人を決めつけてしまう誤りを避けることができる。評定尺度法は，あらかじめ観察しようとする項目を予測し，評定する尺度（3件法，5件法など）を構成しておく。そして，その尺度にしたがって児童生徒の行動が何回起こったのか，その行動を規定する条件は何かなどをチェックしていくものである。

2　面接法

個人を知るには面接による方法がもっとも直接的であるため，教育現場においてよく用いられる。主として言語のやりとりから，児童生徒の内的世界を把握しようとする方法である。彼らを指導するとき，データを得るだけでは十分とはいえない。面接法は，一人ひとりの問題を追究する技術である。とくに，臨床場面における面接者（カウンセラー）は，精神医学や臨床心理学，ケースワークなど，人間行動について高度な知識をもっていることが必要である。面接そのものが与える影響を，つねに考えておかなければならない。

面接者にもっとも大切なことは，被面接者（児童生徒，保護者など）との間にラポールが成立することである。ラポールとは，両者の信頼関係，親和関係，意志の疎通性などをいう。相手が楽な気持ちで応答できる雰囲気をつくることである。秘密を守ることを約束し，面接によけいな心配や不安をもたせないようにする。また，面接相手に先入観や偏見をいだいてはいけない。ハロー効果

（光背効果）に注意することである。これは，人物を評価するときに，あるひとつの問題に焦点をあてた結果で，その人の他の性質にまで影響を与えることをいう。好ましい（あるいは好ましくない）特性をもっていると，他の特性も好ましい（あるいは好ましくない）と思い込んでしまう。成績がよいと，性格までよくみられてしまうのがそのよい例である。教師は面接の専門家ではないが，十分なカウンセリングマインドを備えてほしいものである。

最近では，インターネットの普及によって対面での面接だけでなく，Web面接（オンライン面接）をとおして児童生徒や保護者と話し合うことも多いので，そのときの注意点などもしっかり把握しておく必要がある。

3 心理検査法

児童生徒に対する評価には，主観的な思い込みがはたらきやすい。そこで，客観的に個人の心的特性（知能，学力，性格，発達，適性など）を評価する方法が必要になる。各種の心理検査はこの目的のために作成されている。心理検査には信頼性，妥当性，弁別性，客観性，経済性などの要件が求められ，心理検査の実施はマニュアルに沿っておこなわなければならない。

心理検査はきちんとした手続きでつくられているが，それは児童生徒一人ひとりの心的特性の個人差を明らかにする必要があるからである。知能や性格，適性などは潜在的である場合が多く，測定した結果はその個人の行動を予測させるものである。また，学力や技能は潜在的な能力に基づいて習得したものであるため，測定することは「診断する」という機能にもつながる。

4 質問紙調査法

児童生徒の実態や意見，態度などを調査して資料や情報を得ようとするとき，あらかじめ用意された質問事項を印刷したアンケート用紙を配付し，回答させる方法である。質問事項はできるだけ具体的で簡潔していることが望ましい。

質問紙調査法は，実施法が簡単なため安易に用いられやすいが，質問項目や結果のまとめ方を十分に吟味する必要がある。一方的な回答を暗示したり，社会的・道徳的にふさわしくない問題になったりするような項目は避けなければならない。個人の主観的な世界を客観的な視点に置き換える方法として，「は

い・いいえ」や「〇・×」でチェックする方法，いくつかの回答項目のなかから選択する方法，自由に回答する方法などがあるが，短時間で終わり負担を少なくする工夫が大切である。

5 事例研究法

事例研究（ケース・スタディ）とは，児童生徒の諸問題を多角的に分析し，その問題に適切な指導を行うための具体的な処置を計画することをいう。たとえば，個人の成育歴，健康の記録，家庭環境，学校関係，仲間関係などの分析をとおして，問題が発生した要因や経過を正確に理解し，その解決に役立てる方法である。教育の場面では，反社会的な行動，非社会的な行動，さまざまな障害をもつ子どもとのかかわり方を決めるときなどに利用されている。

6 その他

以上は，教育心理学の研究や実践活動で広く用いられている方法であるが，このほかにも，自叙伝法，逸話記録法，日記法，作品法，社会計測法（ソシオメトリー）などの方法がある。また，教育相談などの心理臨床場面では，さまざまな心理療法を用いることも多い。どのような方法を用いるにしても，計画から解釈にいたるまで科学的にすすめることが大切である。

● 3節　教育心理学の課題と役割

教育心理学は，現実の教育活動のあらゆる面からその課題を把握しなければならない。学校教育や家庭教育の主役は子どもたちであり，いかなる状況においても尊重されるべきである。教育心理学が一般心理学と共通の課題を扱うことは否定できないが，同時に独自の研究領域の開発や実践に沿った研究成果も発表され，つねに教育現場と遊離しないようにつとめている。

1 教育心理学の課題と役割

一般心理学で得られた研究成果をそのまま教育に置き換えるだけでは，本来の目的を果たせないばかりか不十分といわざるを得ない。教育心理学には学問

として理論的に研究する立場と，学校教育や家庭教育を実践するための応用的立場という2つの側面がある。後者は，まさしく教師や保護者にとって身近なテーマであろう。ここで，教育心理学の課題を列挙すれば次のようになる。

(1) 現場で基礎的なもの：①生涯発達に関する諸問題（乳幼児心理学，児童心理学，青年心理学を含む），②人間形成における要因（遺伝と環境を含む）など。

(2) 現場で中心的なもの：①学習に関する諸問題（学習形成の理論，効果的な学習指導の心理，学習環境など），②教育測定と教育評価，③パーソナリティと適応に関する諸問題（教師や保護者の心理，精神保健などを含む），④障害をもつ子どもの心理と教育（特別支援教育を含む），⑤教育工学（コンピュータ教育を含む）など。

　教育心理学は「教育」と切り離して考えることができない。アメリカの教育心理学者スキナーは，教育活動において「何を」（what），「なぜ」（why）という質問に答えるのが「教育哲学」や「教育原論」の役割であり，「どのようにして」（how），「いつ」（when）という質問に答えるのが「教育心理学」の任務であると述べたという。すなわち，教育学は教育活動についての「目標」や「本質」，教育心理学はその「実践」を基礎としているということであろう。この「実践」こそ，教職課程としての教育心理学の中心的なテーマである。

2　教育心理学の領域

　教育心理学は，もともと大きく4つの主要な分野から構成されていた。発達の領域，学習と学習指導の領域，パーソナリティと適応の領域，教育測定と教育評価の領域である。本書では，さらに特別支援教育（第15章）を加えた。

(1) 発達の理論と発達段階の領域（第2～6章）　　発達の領域について，教育心理学では乳幼児期から青年期までのさまざまな特徴を扱うのが一般的であったが，近年では生涯発達の立場から人間の誕生から死にいたる全生涯に視点を向けるようになった。発達段階のどの時期で子どもたちに何をどのように教えるかを考えるとき，現在までに蓄積されてきた内外の研究成果を学ぶことには意義がある。

(2) 学習と学習指導（第7，8章）　　教育心理学で扱う学習には，教科の学習だけでなく日常生活習慣の獲得，対人的な態度の習得などが含まれる。たとえ

第1章 ● 教育実践と心理学の領域を学ぶ　　11

ば，条件づけ，行動主義，試行錯誤，新行動主義，オペラント条件づけなどの連合理論と，洞察，サイン・ゲシュタルト，観察学習などの認知理論などがある。また，記憶の過程や学習の転移，学習曲線，動機づけなどの研究は学習を支える重要な内容である。

(3) パーソナリティと適応（第9，10，12〜14章）　　教育心理学におけるパーソナリティの問題は，人の個性を量的，質的にとらえようとし，適応の問題は，不適応行動を正しく理解しようとする。児童生徒は，家庭や学校に関係した出来事によってさまざまな問題を起こしやすい。学校現場で頻繁に見られるいじめや不登校の実態は，反社会的・非社会的な行動の代表であろう。

(4) 教育測定と教育評価（第11章）　　教育測定・評価という仕事は，期待される教育目標を児童生徒がいかに達成したかを知る方法である。教育測定は学力や技能などを客観的，数量的にとらえることをめざしてきたが，教育評価は教育を受ける個人全体を問題にする。教育する側は，つねに教育を受ける子どもたちを全人的な立場からとらえることを忘れてはならない。

◆参考文献

日本応用心理学会（企画）　藤田主一・浮谷秀一（編）　現代社会と応用心理学1 クローズアップ学校　福村出版　2015

日本応用心理学会（企画）　藤田主一・古屋健・角山剛・谷口泰富・深澤伸幸（編集）　応用心理学ハンドブック　福村出版　2022

日本教育心理学会（編）　教育心理学ハンドブック　有斐閣　2003

藤田主一・楠本恭久（編著）　教職をめざす人のための教育心理学　福村出版　2008

藤田主一・齋藤雅英・宇部弘子（編著）　新 発達と教育の心理学　福村出版　2013

第2章 発達の理論を学ぶ

● 1節　発達とは何か

1　発達の定義

　人の発達は，生物学的基盤に基づき，対人的・社会的・物理的環境の影響も受けながら生涯にわたって継続し，加齢による心身の質的・量的な変化を遂げていく。発達という用語は英語の development を和訳したことばだが，元来これは「巻物を広げる」ことで，巻物を広げて中身が露出し尽くすと完結するように，加齢とともに人の心身の能力が表出し尽くすと一生涯を終えるという意味あいが含まれる。

　心理学における発達の定義は多様であるが，ドイツの心理学者コフカ（1886-1941）による「有機体やその器官が，量において増大し，構造において複雑化し，機能において有効化するとき，それを発達という」という定義がその様子をよく表している。この定義は，受胎から年齢を重ねる一連の過程で，人の心身の能力が質的・量的に増大し開花する変化を示している。しかし近年では，発達を加齢による心身の能力の衰退を迎える時期をも含めた生涯発達の枠組みでとらえている。生涯発達ということばは，生涯にわたる獲得と喪失の営みを含めてドイツの心理学者バルテス（1939-2006）が唱えたものである。

　発達と似たことばに成長がある。発達が量的変化とともに，運動能力や技能のような機能的側面および言語や思考のような精神的側面の質的変化をも意味するのに対して，成長はどちらかというと身長や体重のような身体

コフカ

的・生理的側面の量的変化（とくに量が増大すること）を意味することが多い。

2 発達加速現象

　男女ともに現代の子どもは昔の子どもに比べて背が高いし，性的成熟の早期化傾向がみられる。世代が新しくなるにつれて発達の早期化・早熟化がみられることを，発達加速現象とよぶ。この現象は，経済的状態や生活水準の上昇がみられる国や地域でよく観察される。上昇的発展の進み具合が鈍ると発達加速現象も鈍る傾向があり，人びとの生活環境が大きく関与していると考えられている。

　発達加速現象は，世代が進むと体格がよくなるといった量的側面に焦点をあてた成長加速現象と，世代が進むと性的成熟や能力の質的変化の開始時期が早まるといった質的側面に焦点をあてた成熟前傾現象に大別できる。また，発達速度や発達水準などの質的・量的な差を異なる世代間の相違，すなわち時代差からとらえる年間加速現象と，同世代間の集団差や文化差からとらえる発達勾配現象に区分することもある。

● 2節　発達に影響を与える要因

1　成熟優位の立場（遺伝的要因を強調）

　私たちが生まれながらの素質としてもっている機能や能力，形態の質的変化が年齢とともに現れてくることを成熟というが，それは遺伝という内的要因によって決定されると考えるのが発達における成熟優位の立場である。

　アメリカの心理学者ゲゼル（1880-1961）は，一卵性双生児を用いた双生児法の実験を実施した。階段昇りの実験では，乳児2人のうちT児は生後46週目から6週間訓練を受けた結果，26秒で階段を昇った。そ

ゲゼル

図 2-1　階段昇り実験用の器具
（ゲゼルとトンプソンによる）

の間訓練をしなかったC児は，52週目ではじめて階段昇りの訓練を受け，2週間でT児と同様の時間で階段を昇った（図2-1）。これらのことから，ゲゼルは訓練を効果的に達成するには個体の内的な準備状態（レディネス）が整う必要があり，それは遺伝により規定されると主張した。

2 学習優位の立場（環境的要因を強調）

　私たちの日々の活動は，経験から学んで身につけることが多く，人の発達において学習による影響を重視するのが学習優位の立場である。この場合の学習とは，出生後の経験による比較的永続的な行動の変化を意味し，それは環境という外的要因によって影響される。

　アメリカの心理学者ワトソン（1878-1958）は，客観的に観察可能な行動を心理学の対象に据える行動主義の立場をとった。そして，発達的な行動の変化は人が学習によって獲得した刺激と反応の結びつき（連合）の数量的な違いによってもたらされ，それらはどのようにも操作可能と考えた。これは，発達における学習優位の立場といえる。

ワトソン

3 遺伝と環境の双方の要因を強調する立場

　発達を促す要因が成熟（遺伝）か学習（環境）かという論争は，やがて双方の影響の強調へと移行する。ドイツの心理学者シュテルン（1871-1938）は，遺伝的要因と環境的要因の双方の影響をあわせて輻輳説を唱えた。輻輳とは「ひとつにまとまる」という意味で，人の特質（性質や特徴）を遺伝的要因と環境的要因の相対的な強さの足し算としてとらえ，各々の強さは特質によって異なると考えた。ドイツの精神科医ルクセンブル

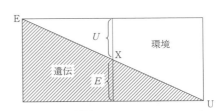
図 2-2 輻輳説（ルクセンブルガーによる）
図式のXは遺伝Eと環境Uが関与して発達する。Xが左寄りなら遺伝要因が，右寄りなら環境要因が強くなる。E点とU点は極限点で，遺伝もしくは環境の規定だけを受けることはないと考える。

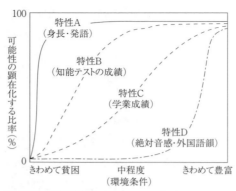

図 2-3　環境閾値説（ジェンセンによる）

ガー（1894-1976）の精神病における遺伝と環境の関係性のとらえ方を発達にも拡張させた図式（図 2-2）がそれをよく表している。ただ，この考え方では各々の要因が発達にどう影響しあうのかを説明しきれないという意見もあり，相互作用を強調する考え方が唱えられるようになった。

発達における遺伝と環境の相互作用とは，遺伝的要因による変化が生じると環境的要因を受容する可能性が広がり，その可能性が広がると遺伝的要因もさらによく発現するというものである。ただ，環境的要因が遺伝的要因に影響する程度は人の諸特質に同一ではなく，遺伝的要因が発現するために環境的要因が果たす役割も特質によって異なると考えられる。こうしたことから，アメリカの心理学者ジェンセン（1923-2012）は，遺伝的な素質が発現するにはそれに応じたある一定の環境条件が整っていること，すなわち環境がある一定の閾値を超えることが必要と考え，環境閾値説を唱えた（図 2-3）。たとえば，身長や容貌は遺伝的な素質により環境条件がさほど整っていなくても発現しやすい（おおむね親に似る）。しかし音楽や絵画などの芸術的能力は，豊かな遺伝的な素質があっても環境条件（楽器や絵筆が身近にあるなど）が整わないとそれが発現しにくく，環境条件が整えばさらに遺伝的な素質を伸長する可能性が広がる。

● 3節　人間発達の原理

　人は，独自のその人らしさをもつ固有の存在であり，育ち方も千差万別だが，生物としての人の発達に注目すると，そこに共通する発達の原理がある。その代表的なものをあげる。

(1) 連続性　　発達は，途切れなく連続した過程である。たとえばアメリカの医学者スキャモン（1883-1952）は，心身の各機能の発達速度の緩急を踏まえ，身体の部位をリンパ型（胸腺，リンパ腺など），神経型（脳，脊髄など），一般型（肺，筋肉，骨格など），生殖型（卵巣，精巣など）の4つの型に分け，発育曲線として表した（p.37，**図4-1**参照）。

(2) 順序性　　発達は，ある一定の順序に沿って進む。たとえば，人が歩けるようになるには，寝返りをうつ，人から支えられなくても座る，つかまり立ちをする，ハイハイする，ひとりで立つ，介添えなしで歩く，などといった順序を経る。

(3) 方向性　　発達には，一定の方向性がある。たとえば，身体的発達は頭部から胸部・尾部へ，中心部から周辺部へと進む。また運動発達は立つ，座る，歩くなどの日常生活の土台となる全身を使った大きな活動である粗大運動から，箸を持つ，絵を描く，ボタンを留めるなどの手指を使った微細運動へと進む。

(4) 個人差　　発達には，個人差があり，すべての人が同じ速度で発達するわけではない。たとえば，誕生後から3歳くらいまでは一生のうちで成長の過程が著しく，同じ年齢でも発話や歩行の開始に違いがみられることがある。

(5) 分化と統合　　発達は，分化と統合の過程である。分化とは，心身の機能が混沌とした状態から細かく分かれていくことで，統合とはそれらが全体としてまとまりをもった状態へと移行することである。

　たとえば，子どもが箸を使ってものを食べるには，当初は握ったり指を伸ばしたりするしかできなかった手のひらの動きから，各指が独立して動くことへと変容することが必要である。これが分化である。そして，独立して動く各指により，箸を操作して食べ物をつかむ一連の動作にまとまっていく。これが統合である。こうした分化と統合の過程を繰り返しながら，複雑な行動が可能となる。

第2章　●　発達の理論を学ぶ　　17

(6) 臨界期（敏感期）　　発達には，ある刺激や経験が重要な影響を及ぼす時期があり，その時期が過ぎると刺激や経験の影響の効果が消失する。この限られた時期のことを臨界期という。たとえば，生後間もない鳥のヒナは，初見の動く対象の後追いをする。後追いは生後しばらくすると弱まり消失する。このように，臨界期は非可逆的で絶対的な時期とされる。

　人の発達の場合，機能によって臨界期はさまざまで，特定の時期を過ぎても人との社会的・情緒的なかかわりによって回復・挽回できる場合もある。したがって，特定の刺激や経験の効果が表れやすい時期という意味で，敏感期ということがある。

● 4 節　発達段階の考え方

1　発達段階と発達課題

　人の発達は，質的・量的変化を遂げていく連続した過程である。その過程を何らかの基準で区分し，各区分の特徴をまとまりとしてとらえる試みがあり，これを発達段階という。発達段階は，人の発達の様子をとらえる目安となる。一般的には，学校制度との関連から，乳児期，幼児期，児童期，青年期，成人期，老年期（高齢期）という 7 区分が用いられることが多いが，注目する基準により多様な区分の仕方があり，成人期までの区分としては，①社会的習慣・制度，②身体的発達，③特定の精神機能，④全体的な精神構造の変化の 4 つの基準が用いられることが多い。

　発達段階には，各段階は他の段階と質的に区別でき不可逆的であるという前提がある。また発達の過程は，階段を 1 段ずつ直線的に昇るというよりも，らせん階段を昇るように同じところを行ったり来たりするような過渡期を経て進むイメージにたとえられるであろう。さらに，その区分の時期は固定したものではなく，個人差が反映する。

　こうした発達の各段階に達成されるべき目標を発達課題という。アメリカの心理学者ハヴィガースト（1900-1991）は，一生涯に及ぶ 6 つの発達段階を定め，各段階にその時期に達成すべき発達課題を設定した。そして，課題達成が人に幸福をもたらし，その後の発達を可能にするとした。

2　発達の諸理論

（1）発達を段階的にとらえる理論　　発達を段階的にとらえた心理学者は多い（表 2-1）。そのうち，身体的側面を視野に入れて心的発達を段階的にとらえたひとりに，オーストリアの精神科医フロイト（1856-1939）がいる。1900 年代初頭，彼は汎性欲説の考えに基づき，性的欲動（リビドー）を感じる身体部位

表 2-1　発達の諸段階（ジンバルドによる）

段階	年齢期間	主要な特徴	心理・性的段階（フロイト）	心理・社会的段階（エリクソン）	認知的段階（ピアジェ）	道徳段階（コールバーグ）
胎児期	受胎から誕生まで	・身体の発達	—	—	—	—
乳児期	誕生（熟産）から約 18 カ月まで	・移動運動の確立 ・言語の未発達 ・社会的愛着	口唇期 肛門期	信頼 対 不信	感覚運動期	前道徳期（段階 0）
児童前期	約 18 カ月から約 6 歳まで	・言語の確立 ・性役割の獲得 ・集団遊び ・就学「レディネス」とともにこの段階は終わる	男根期 エディプス期	自律性 対 恥・疑惑 積極性 対 罪悪感	前操作期	服従と罰（段階 1） 互恵性（段階 2）
児童後期	約 6 歳から約 13 歳まで	・操作の速さを除いて，多くの認知過程が成人並になっていく ・チーム遊び	潜伏期	勤勉性 対 劣等感	具体的操作期	よい子（段階 3）
青年期	約 13 歳から約 20 歳まで	・思春期の始まり ・成熟の終わり ・もっとも高度のレベルの認知の達成 ・両親からの独立 ・性的関係	性器期	同一性 対 同一性拡散	形式的操作期	法と秩序（段階 4）
成人前期	約 20 歳から約 45 歳まで	・職業と家庭の発達		親密 対 孤立		社会的契約（段階 5）
成人中期（中年期）	約 45 歳から約 65 歳まで	・職業が最高のレベルに達する ・自己評価 ・「空っぽの巣」の危機		生殖性 対 停滞		原理（段階 6 または 7，いずれもまれに出現）
成人後期（老年期）	約 65 歳から死まで	・退職 ・家族や業績を楽しむ ・依存性 ・やもめ暮し ・健康の弱さ		統合性 対 絶望		
死	—	・特別な意味をもった「段階」				

の推移によって青年期に及ぶ発達を5段階で説明する，心理・性的発達段階論を提唱した。

1920年代になると，オーストリアの心理学者ビューラー（1893-1974）が日記資料に基づく青年期研究を示した。彼女は，青年期発達の生物学的基盤に基づき，17歳を境に前期（思春期）と後期（青春期）に分けてその心的特徴を考察し，ライフサイクルの先駆的な研究をおこなった。また，児童期や青年期の意志の発達に注目し，反抗期という概念を提唱した。

アメリカの心理学者エリクソン（1902-1994）は，ウィーンでフロイトが主宰する研究会に出席し，その娘のアンナ・フロイト（1895-1982）にも師事した。彼は，フロイトの性的欲動を強調する発達理論をもとにしながらも，性的側面よりも人が人とかかわる社会的側面を重視し，青年期以降も含めた人の一生涯を8段階で説明する心理・社会的発達段階論を提唱した。その特徴のひとつに，各時期の達成すべき課題とそれが未達成の危機状態とを対にしてとらえたことがある。この発達段階論の影響を受けて発達課題の概念を提唱したのが，先述のハヴィガーストであった。

一方，人の認知的側面に注目して発達を段階的にとらえたのがスイスの心理学者ピアジェ（1896-1980）である。彼は子どもの認知能力が発達する過程として，表象操作に基づく発達過程と，その発達を推し進めるシェマ（認知的枠組み）の同化（既存のシェマで情報を取り入れる）と調節（情報を取り入れられないときにシェマを修正する）のはたらきを強調した。また，実際には目の前にないものの表象（イメージ）を作って操作する（表象を使って考える）ことがどのように可能となるのかという観点に基づき，認知発達の理論を唱えたのである。

ピアジェは道徳性の発達についても検討したが，それを引き継いだのがアメリカの心理学者コールバーグ（1927-1987）である。彼は道徳的ジレンマの状況を含むいくつかの課題（たとえば，ハインツのジレンマ）を用いて子どもの道徳性の発達過程を検討し，前慣習的水準，慣習的水準，後慣習的水準の3水準と各水準2段階を含む発達段階を示した。

（2）認知的側面の発達理論としての言語発達と発達の最近接領域　認知的側面の発達でコミュニケーションにおける言語発達に目を向けると，内言から外言へと向かうとしたピアジェに対して，外言から内言に向かうと主張したソビ

エト（当時）の心理学者ヴィゴツキー（1896-1934）がいる。内言とは思考の道具としての言語，外言とは音声として発せられる言語を意味する。ピアジェは内言が醸成されて外言へ向かうと考えたが，ヴィゴツキーは外言から内言へ向かう言語発達を主張した。これはいわば，考えてから対話するのか，対話することで考えを深めるのかということであり，個人の内的な思考の発達から他者

ヴィゴツキー

とのかかわりへ移行するピアジェと，言語を用いた他者とのかかわりにより思考が促されるとするヴィゴツキーの考え方の相違による。

このようにヴィゴツキーは，他者とかかわる社会的状況を踏まえた認知的発達を強調し，発達の最近接領域という概念を提唱した。これは，子どもがその発達レベルにおいて独力で解決できない問題に遭遇しても，他者の手助けを借りれば問題解決できる領域のことを示す。学校教育は，この領域へのはたらきかけによって子どもの能力を引き出すことが求められるともいえるだろう。

これまで述べてきた，発達を段階的にとらえる主な心理学者の系譜をまとめたのが表2-2である。こうした発達段階の理論は，時代による変化や社会文化的環境の影響を受ける可能性を含んでいる。たとえば平均寿命の伸長は，青年期や成人期，老年期といった発達段階や各々の発達課題に変化をもたらし，性アイデンティティの多様化は，男女という性別の区分だけで発達課題をとらえることを難しくするかもしれない。時代の変遷や社会的背景を考慮した発達理論のとらえ直しは，絶えず必要となる。

表2-2　発達を段階的にとらえる主な理論

西暦	内容
1905年	心理・性的発達段階論（フロイト）
1933年	日記分析による発達論の展開（C. ビューラー）
1933年	発達の最近接領域（ヴィゴツキー）
1950年	心理・社会的発達段階論（エリクソン）
1952年	認知発達論（ピアジェ）
1953年	発達課題の提唱（ハヴィガースト）
1963年	道徳性の発達理論（コールバーグ）

● 5 節　発達研究の方法

1　用いられる研究法

　発達をとらえる研究法は，他の心理学分野で用いられる研究法と基本的には変わらない。主なものは，観察法，面接法，実験法，アセスメントを含めた調査法，事例研究法などである。対象者の特性と研究目的により，それらのいずれか，もしくは複数の方法を組み合わせて用いられる。

　一方で，発達研究では変化をとらえ，状態を比較することを目的とする場合がある。その際にはデータ収集に工夫が求められ，たとえば横断的研究，縦断的研究，コホート分析などが用いられる（図2-4）。

2　横断的研究と縦断的研究

　横断的研究は，同じ時期に異なる年代の個人または集団の特徴を比較したい場合に採用される。たとえば，2024年度の小学1年生から6年生の各集団の平均身長の推移を比較したい場合が該当する。つまり，横断的研究とは同一時点で別個の年齢群の対象者に，同一の観察，実験，調査を実施し，発達過程を比較・分析する研究法である。長所は，一度に大量のデータ収集ができ，異な

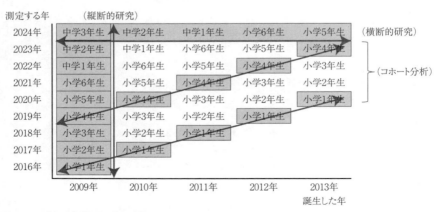

図2-4　データ収集の工夫の例

る年齢群の比較により発達の傾向を示せることにある。短所は，この方法で得られた発達的変化が時代的・社会的影響を受けている可能性を排除できず，加齢による影響のみに限定できないことにある。

　一方，縦断的研究は，同じ年代の個人または集団の経年変化を比較したい場合に採用される。たとえば，2012年度生まれの集団の平均身長が小学1年生から6年生までにどう推移するかを調べたい場合が該当する。つまり，縦断的研究とは同一の対象者を何年も追跡し，繰り返し観察，実験，調査を実施して発達過程を比較・分析する研究法である。長所は，加齢による変化が明確になる点にある。短所は，研究結果が出るまで相当な時間や費用がかかること，同一世代・個人を対象とするため時代的・社会的影響をとらえにくいことにある。

3　コホート分析

　コホート分析は，ある年代の対象者群の特徴と別の年代の対象者群の特徴を比較・追跡して，年代や時代背景の特徴を検討したい場合に採用される。コホートとは，同時期に出生した人や学校に入学した人など，発達の過程で同じときに生活史上の重要な事象を経験した集団（個人の集合）を意味する。コホート分析では横断的研究と縦断的研究を組み合わせ，時代の区分と年齢の区分が一致するように繰り返し観察，実験，調査を実施する。そして，世代が異なる複数のコホートを追跡し，コホート間やコホート内でデータを比較する。たとえば，小学1年生と小学4年生の集団の身長を継続して調査すると，同時期に2つの学年の比較ができ（横断的研究），それぞれの学年進行に伴う変化も比較できる（縦断的研究）。長所は，時代的・社会的影響と加齢による影響の双方を考慮できる点にある。短所は，研究の時間と費用がかかることにある。コホート分析では，同じ対象者群から複数回にわたってデータ収集するので，多くの途中欠損者を出さない工夫と配慮が必要となる。

◆参考文献

新井邦二郎（編著）　図でわかる学習と発達の心理学　福村出版　2000

市川優一郎・宇部弘子・若尾良徳・齋藤雅英（編）　教育心理学　中山書店　2024

杉村伸一郎（監修）　三宅英典（編著）　あなたの経験とつながる教育心理学　ミネルヴァ
　　書房　2023

シャルロッテ・ビューラー　原田茂（訳）　青年の精神生活　協同出版　1969

藤田主一・楠本恭久（編著）　教職をめざす人のための教育心理学　福村出版　2008

藤田主一・齋藤雅英・宇部弘子（編著）　新 発達と教育の心理学　福村出版　2013

第3章

発達（胎児期〜乳児期）を学ぶ

● 1 節　受精から誕生まで

1　胎児の発達

（1）胎芽期　　人間の誕生は，卵子と精子が接合し受精卵になることから始まる。受精卵は細胞分裂を繰り返し胚盤胞が形成される。そして子宮内膜に着床し，胎児を取りまく袋状の胎嚢が形成される。続く在胎週数3週目ごろから身体が形成され，7週目ごろには周囲からの刺激で体や口を動かすことができるようになる。在胎8週目までを胎芽期とよぶ。この時期に，たとえば母体の飲酒や喫煙，薬物の摂取や伝染病の罹患などの要因にさらされると，胎児の身体の形状的な発達に障害が起きる場合がある。

（2）胎児期　　在胎9週目以降を胎児期とよぶ。身体を形成する主な器官が形成され人間らしい姿になる。在胎10週目ごろには味覚や嗅覚に関する神経も機能し，反射的に手足を動かしたりすることができるようになる。18週ごろには，指しゃぶりなどの行動がみられるようになる。26週ごろには，音や光など母体の外から与えられた刺激に対して，胎児の脈拍が変化したり，胎動を生ずることが確かめられている。在胎週数37週から42週で出生することを正期産とよび，3,000g前後で誕生する。在胎22週以降37週以前に出生する場合を早産とよび，発育にあわせた処置が必要となるが，近年では医療の進歩により早産であっても正常に成長できるようになってきている。

2　誕生

（1）出産と誕生　　誕生の瞬間は母子にとって決して安全ではない。人間は脳

第3章　● 　発達（胎児期〜乳児期）を学ぶ　　25

を大きく発展させ直立歩行をするようになった。そして骨盤が直立歩行に適したかたちへと変化した。その結果，出産時に胎児が通る産道が狭くなった。ここで大きな脳と狭い産道という問題が生じる。そこで本来ならば，もっと母親の胎内にいるべき胎児を，頭が産道をなんとか通れるうちに出産する生理的早産という方法で解決を図った。人間の種としての正常な出産は生理的には早産なのである。そして人間が未成熟な子宮外胎児の状態で誕生し，外界のさまざまな刺激にさらされることは生まれた環境に適応できる結果となっている。

（2）新生児期と乳児期　　胎児の出生後，1カ月が経過するまでを新生児とよび，およそ1歳までを乳児とよぶ。乳児期は子どもが「自分で歩けるようになるまでに機能が発達する期間」と定義される。出生後の約1年間は，人間の発達プロセスのなかでも特殊な時期である。新生児は3～4時間の睡眠と短時間の覚醒を繰り返すが，乳児になると昼に覚醒していることが増え始め，幼児期には昼に覚醒して夜に睡眠というおとなと同じようなリズムに変化していく。この間に体の大きさは著しく増大し，運動機能も発達する。また，乳児期から幼児期へ移行するときには初語が現れるようになる。つまり乳児期は歩行ができるまでに身体が発達し運動機能を獲得する時期であり，同時に言語を扱い始める準備ができるまでに発達する時期である。

（3）二次的就巣性　　スイスの生物学者ポルトマン（1897-1982）は離巣性と就巣性という概念を使って乳児の発達を考察した。ニワトリのヒナが生まれてすぐに巣から離れ歩くように，卵から孵化したのち，すぐに動き回る性質をもっていることを離巣性という。それに対してツバメのヒナが，孵化後しばらくの間は巣にとどまり親から給餌されるように，孵化後，すぐには巣から動けない性質をもっているものを就巣性とよぶ。ポルトマンは，この考え方を哺乳類にあてはめた。ウシやウマの子どもは誕生後すぐに立ち上がり歩くことができ，離巣性の動物といえる。出産直後に動ける程度まで体内で成長する動物は，母親の胎内で長い時間を過ごして誕生することになる。また一度の出産で生まれる子どもの数は少なく，離巣性にあてはまるといえる。それに対し，イヌやネコの子どもは誕生直後には目も開いておらず，すぐに立って歩くこともできない。また在胎期間が短く，一度に生まれる子どもの数は多い。これらの特徴から就巣性にあてはまるといえる。

この分け方に基づくと，ゴリラやチンパンジーなどの霊長類は誕生してすぐに親にしがみつくなどの行動ができるので，離巣性にあてはまる。したがって人間は妊娠期間の長さ，一度に生まれる数などもあわせて考えると，他の霊長類と同じく離巣性にあてはまるほうが自然である。しかし，他の高等哺乳類と違い，人間は誕生直後にまったく移動できず，自立歩行まで1年ほどかかる。これは先述のとおり二足歩行や発達した脳という特徴によって生理的早産を選択した結果，誕生してから動けるように成長する就巣性の特徴をもつことになったと考えられる。ポルトマンはこれを二次的就巣性と名づけた。そして，人間は未熟な状態で生まれてくるので，子どもが長い期間にわたって養育者の世話を受けて育つことが必要となった。そのため子どもと養育者の間で密接な関係が構築される。この関係は人間の社会的関係を形成していく上での基礎となる。

● 2 節　運動と感覚の発達

1　運動の発達

（1）運動の発達　　人間は誕生した時点では，自分で移動することもできず，手などを効果的に使うこともできず，非常に未熟な運動機能しかない。その後，乳児期の間に寝返りをし，座れるようになり，ハイハイやつかまり立ちを経て，自力で立ち上がれるようになるまで成長する。このような発達は，頭部から尾部へという原則にしたがって進行する。また体を動かせるようになるような成長は急に発現するのではない。ハイハイが始まる前には足を蹴りだす動きなどが現れる。そして自分の身体のさまざまな筋肉の協働を発達させながら移動ができるようになっていく。言い換えれば筋力がつき，自分の体を精緻にコントロールできるように運動能力が成長していくのである。

　その一方で，感覚から得た情報をもとに自身の興味や欲求から物をつかむような動作は，腕全体の動作から始まり，最後に手のひらを使えるようになる。これは中心から末梢へという原則にしたがっている。生後3カ月ごろの赤ちゃんは物をうまくつかむことはできないが，生後6カ月ごろには顔の前に物を差し出すと手を伸ばしてつかむことができる。目で見たものとの距離や位置に手を調整しながら動かす，目と手の協応ができるように成長したのである。

第3章　●　発達（胎児期～乳児期）を学ぶ　　27

表 3-1　さまざまな原始反射

	主な反応	消失時期
吸啜反射	指を口に入れると唇と舌で吸いつく。	生後 6 カ月ごろ
ルーティング反射	頬に指で触れるとそれを追いかけるように顔を向け口に含もうとする。	生後 4 カ月ごろ
把握反射	手に触れるものをすべてつかむ。足の裏に触れても足の指を屈曲する。	生後 4 カ月ごろ
自動歩行反射	脇を支えながら足を平らなところにつけて、体を前傾させると歩くように足を動かす。	生後 3 〜 4 カ月ごろ
バビンスキー反射	足の裏をくすぐると親指を足の甲側に反り、他の指を開く。	生後 1 〜 2 年
匍匐反射	うつ伏せに寝かせると腹ばいをするように両足をリズミカルに動かす。	生後 2 カ月ごろ
モロー反射	ショック（光や音）を与えたり、赤ちゃんの頭の位置が突然変化したりすると両腕を伸ばして広げ、次いで何かに抱きつくようにする。	生後 3 カ月ごろ
ギャラン反射	脊柱の外側に沿って上から下へこすると、こすった側の背筋が収縮して体を曲げる。	生後 2 カ月ごろ

（2）原始反射　　　自分自身の興味や欲求によらず、外部からの一定の刺激に対して自動的に発現する行動を反射とよぶ。おとなでも目に空気を吹きつければ反射としてまばたきをする。このような反射のうち、生後半年程度で消失あるいはかたちを変えていくものを原始反射という。多くの原始反射は胎児の段階から現れる。表 3-1 は、主な原始反射をまとめたものである。そして月齢が進むにしたがって原始反射は消失し、そのときの状況に応じた意図的な行動をおこなうようになっていく。成熟が進むにつれて、反射的な行動を下敷きにして、意図に基づく高度な行動ができるようになっていくのである。

2　乳児の感覚認知機能の発達

（1）乳児の感覚　　　新生児・乳児は運動機能が非常に未熟であるのに対して、感覚はかなり機能し始めている。しかし、それはおとなと同じように機能しているわけではない。触覚はかなり高い機能を果たせるようになっており、とくに口の周りや手が敏感である。味覚も早い段階で機能しており、酸味や苦みなども感じることができ、甘みを好むことが表情の変化などから読み取ることができる。嗅覚も鋭敏であり、イギリスの医師マクファーレンは自分の母親の母乳とほかの母親の母乳の臭いを弁別できることを示している。

聴覚はかなり機能しており，誕生してすぐに音のするほうへ向く音源定位反応をみせる。ところで，人間の声は男性が平均120ヘルツ程度，女性は平均250ヘルツ程度といわれる。赤ちゃんを前にすると，マザリーズ（母親語）というゆっくりと高めの声で抑揚をつけて話す声を使うことが多い。このときの声の高さはおおよそ400ヘルツ程度を基本としている。赤ちゃんはこの周波数の声を好み，マザリーズを使った話しかけと普通の音声での話しかけを聞かせると，マザリーズのほうを定位することが示されている。またアメリカの発達心理学者アイマス（1934-2005）らは新生児に音節を区別する能力があることを示唆し，アメリカの発達心理学者ベストとマクロバーツは乳児期初期には母語にない音素であっても聞き分けられることを示している。

これらの感覚に比べ，乳児の視力はあまり高くはなく，細部はわからずにぼやけた像を見ている。ちょうど近視の人がメガネを外して見ているような状態に近く，イギリスの心理学者スレーターはおとなの1/30程度の視力であるとしている。視覚がおとなと同じように機能するようになるのは，乳児期を過ぎた後になる。

（2）乳児の実験方法　　感覚のうち，視覚は人間にとって大きな役割を占める感覚である。さて，言語によって実験方法を教示することができない乳児に対して，どのように実験をおこなうのだろうか。乳児の視覚を測定する代表的な方法が選好注視法である。赤ちゃんの前方30 cm程度のところに2つの刺激を並べて提示し，それを見つめる時間の長さを計測する。もし2つの刺激を見つめる時間が同じであれば，赤ちゃんはそれらを区別しておらず，一方を見つめる時間が明らかに長ければ2つを区別できることがわかる。しかし選好注視法では2つの刺激を区別できるが同じくらい好む場合，見つめる時間が同じ程度になる可能性がある。

そこで用いられるのが馴化法である。2つの刺激のうち1つを繰り返し提示すると，同じものを繰り返し見ることで見飽きてしまい，注視する時間が短くなっていく。これを馴化といい，刺激に対する注視時間が最初に提示したときの注視時間の半分になったところで馴化したとみなす。馴化したところでもうひとつの刺激に切り替えて提示する。このときもうひとつの刺激に対する注視時間が長くなったならば，2つの刺激を区別できたといえる。馴化法を用いた

第3章　●　発達（胎児期〜乳児期）を学ぶ　　　29

さまざまな研究によって、乳児の能力が近年次々と明らかになっている。

(3) 顔の認知 視覚機能は未熟であるものの、新生児も人間の顔を認識することができる。アメリカの発達心理学者ファンツ（1925-1981）は選好注視法を使って単純な図形や複雑な図形、顔に見える図形を新生児に見せた（図3-1）。すると新生児は単純な図形、複雑な図形、顔のように見える図形の順に見つ

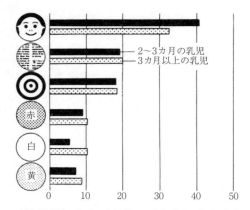

図3-1 さまざまな図形に対する新生児の注視時間（ファンツによる）

める時間が長くなる。顔のように見える図形とは目が左右に並び、中心に鼻、その下に口があるような刺激である。このような刺激が提示された場合にもっとも長く注視することから、生まれつき顔のような配置に対して反応性が高いと考えられる。

また、顔に対する感受性はおとなよりも鋭敏な場合がある。フランスの発達心理学者パスカリスらは、生後6カ月の乳児にアカゲザルの顔と人間の顔を提示して、アカゲザルと別のアカゲザルの顔を識別できるか、そして人間の顔と別の人間の顔を識別できるか、またその際に脳がどのように活性化されるかを観察した。6カ月児ではアカゲザル同士、人間同士の顔を識別することができ、アカゲザル同士の顔を識別するときに、人間の顔を識別するときと同じような脳の活動パターンが観察された。おとなではアカゲザル同士の顔を識別することはできず、人間同士の顔を識別するときのような脳の活動は観察されなかった。顔の識別という能力を獲得する過程にある生後6カ月児の脳と、人間の顔を識別する経験を積んでそれに適応したおとなの脳は反応が異なっていたのである。

● 3 節　乳児期の社会的機能の発達

1　初期経験と臨界期

　鳥類の子どもは，孵化後の一定の期間に動くものなどに対して後を追ったり，接近したりする。オーストリアの動物行動学者ローレンツ（1903-1989）は，この行動を刻印づけとよんだ。たとえば，カモのヒナであれば生後 1 ～ 2 日までの間に刻印づけが生じ，この期間を過ぎると生じない。刻印づけが生じる期間を臨界期とよぶ。ローレンツは，自分自身やカモの模型などをヒナに見せて，ヒナが接近することを観察した。臨界期が過ぎていないヒナは，本物の親鳥を見せるとそちらに追従するようになるが，臨界期を過ぎたヒナに本物の親鳥を見せても，親鳥に対する接近行動をとることはなかった。臨界期の経験をのちの経験によって修正できないことが初期経験の特徴である。人間でこのような実験をおこなうことは倫理上許されないが，ある種の臨界期の存在が推測される。先述の音韻弁別などはおとなよりも新生児のほうに優れた面がある。しかし，乳児期の神経系の発達に伴い，どのような言語の音韻でも弁別ができる能力は低下し，生まれた環境で使われる言語の音韻を弁別する能力が保たれる。つまり，母国語の学習など人間にもある種の臨界期が存在することが考えられる。アヴェロンの野生児やアマラとカマラの姉妹で知られる野生児の事例は，人間の臨界期の存在を示唆するとされているが，残念ながら科学的根拠に基づく観察ではなく，人間に臨界期があることを裏づけるものとはいえない。

2　赤ちゃんのコミュニケーション機能

　赤ちゃんは，社会的な能力を獲得するため，人間に対する強い感受性を備えていると考えられる。これは，先述のファンツの研究からも示されている。アメリカの発達心理学者メルツォフ（1950- ）とムーアは，生後 2 ～ 3 週間の新生児に対して舌を突き出す，口を開けるなどの動作を示すと，新生児がそれを模倣できることを観察した（図 3-2）。その後の研究では，生後数時間の新生児でも模倣できることが見出されている。これはおとなが新生児の前で何度も繰り返し動作をおこない，そののちにかすかな反応として観察できるものである。

メルツォフとムーアは観察を繰り返し，生まれて間もない赤ちゃんが顔を認知し，その動作を模倣することができることを示した。これを新生児模倣とよぶ。これは月齢が上がると消失し，やがて意図をもって模倣がおこなわれるようになる。

新生児は人間の表情だけでなく人間の動きも認識できる。スウェーデンの精神物理学者ヨハンソン（1911-1998）は，体の各所に光点をつけた人が暗闇のなかで動くと，光点の動きから人の動作を認識できることを示した。この光点のみの人の動きをバイオロジカル・モーションとよび，スレーターらは新生児であってもランダムな光点の動きと区別することを示している。

新生児は，他者への感受性だけでなく自分からのはたらきかけともとれる行動を示す。新生児は寝ているときなどに微笑みを浮かべる。これは誕生前の在胎23週を超えた胎児のころからおこなわれ，誕生直後にも生じる。何かの刺激を受けて意図的な顔面の動作として微笑みをおこなっているのではなく，赤ちゃん自身が微笑を生じさせているのであり，自発的微笑とよばれる。それに対してマザリーズなどによって引き出される微笑を誘発的微笑という。おとなはそれを見て喜び，子どもへのはたらきかけを強め，もっと微笑みを引き出そうとする。それは子どもの世話をしたり，関心を引きつけたりするような行動であり，乳児にとって快適なものであろう。こうした微笑は人間に対する特別な感受性も考えあわせると，生理的早産によって未熟な状態で生まれた赤ちゃんにとっては，おとなから世話を受けやすくなるという点から不可欠なものといえよう。

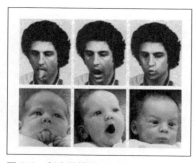

図3-2 新生児模倣
（メルツォフとムーアによる）

誘発的微笑はマザリーズなどの音声によって生じるが，生後2カ月を過ぎるとうなずく動作を伴う顔によって生じるようになる。これをアメリカの精神科医スピッツ（1887-1974）は社会的微笑（3カ月微笑）とよんだ。スピッツの実験において，観察者は乳児の前で微笑んだり，うなずいたり，顔を背けたりし，それに対する乳児の反応を観察した。その結果，

生後2カ月を過ぎ，6カ月までの子どもはうなずく動作に対して微笑を返すが，2カ月以前または6カ月以降の子どもは微笑をしなかった。また，観察者ではなくお面などを使って実験もおこなった。その結果，目が2つあり，正面から見た刺激がうなずいているときに乳児の微笑が観察された。これらの結果から，3カ月を過ぎると乳児は「自分」と「他者」を区別することができるようになり，「他者」に対して微笑する，つまり「自分」と「他者」という対人関係において微笑するのであり，乳児の発達が進んでいることを示すと考えられた。そして，6カ月を過ぎると「他者」をよく知っている親しい人と知らない人に区別することができるようになり，誰に対しても微笑するのではなくなる。いわゆる人見知りであり，これは乳児の対人関係がまた新たな段階へと進んだことを示す。とくに母親との間に親子の絆というべき愛着（アタッチメント）が形成され，情緒的な結びつきが強くなったことを示している。

3　他者との関係

興味をもったおもちゃへ手を伸ばしたり，母親のうなずきに微笑んだりするのは，自己と対象あるいは自己と他者との1対1の関係，すなわち二項関係である。生後9カ月ごろになると，自分の興味のあるものを他の人と見ること，つまり自己 – 対象 – 他者という三項関係が成立する。そして，母親が何かを指させば，それに注目する。これは共同注意とよばれ，他者の注意の対象を理解したり，自分の注意の対象を他者に知らせたりすることをいう。たとえば，自分が興味の対象を指さす，叙述の指さしをおこなったり，おとなが見ているものを同じように見る視線追従をおこなったりする。そして，見知らぬ人が現れたり，自分にはよくわからない新たな状況などに直面すると，母親など身近な養育者の表情を見てどうすべきかの手がかりにする社会的参照がおこなわれるようになる。

図3-3　視覚的断崖
（ギブソンとウォークによる原図をもとに作図，イラスト：ヨシダマユ）

アメリカの発達心理学者ギブソン（1910-2002）は，社会的参照を視覚的断崖実験（図3-3）から確かめられることを指摘した。乳児は，段差があるように見える市松模様の上に透明なガラス板を置いた実験装置の上に置かれる。低くなっているように見える部分（断崖）もガラスがあるために落下することはないが，乳児は視覚からの情報によって段差を認識し，その上には行かないように振る舞う。これは，奥行情報の理解が経験なしに成立することを示している。また母親が低くなった側で安心した顔をして呼びかけると断崖部分を渡る。しかし，母親が不安や怒りを示す表情をしていると乳児は渡ろうとしない。視覚情報と社会的参照から得られた情報を用いて行動していることがわかる。

このように，ことばによらない社会的コミュニケーションの機能が発達し，それを用いた行動の変容などが乳児期に獲得されていくのである。

4　愛着（アタッチメント）の成立過程

生後半年を過ぎると，乳児は日常世話をしてくれる養育者に対して微笑みかけたり，そちらを向いたりして好みを示し，養育者がいると安心するような情緒的なつながりをもつようになる。これを愛着という。子どもが親に愛着をもつだけでなく，愛らしい相貌，泣き声や養育者への微笑みなどのはたらきかけをおこなって愛情を得る。ローレンツは，全体に丸みを帯び，おでこが広くて目が大きく，鼻と口の間が短いという乳幼児の容貌をベビースキーマとよび，愛らしさを感じさせると指摘した。このような特徴を帯びた乳児が親の顔を追視し，微笑みかけることにより，親は子どもに対して好意的な反応をしやすくなる。それによって乳児は周囲のおとなから養育行動を得られやすくなる。

乳児は，愛着対象の養育者から離され，他者と残されるような状況になると激しく泣くなどの分離不安を示す。分離不安は6カ月を経過したころから現れ，1歳半ごろにピークとなる。3歳を過ぎるころには，養育者以外のおとなと残されても強い分離不安を示すことは少なくなる。アメリカの発達心理学者エインスワース（1913-1999）はこうした愛着を研究するため，ストレンジ・シチュエーション法を用いた。なじみのないプレイルームで赤ちゃんと一緒にいた母親が突然部屋から出ていき，しばらくしてから戻ってくる。母子分離の状態を作り，戻ってきた母親に対して赤ちゃんが示す行動を観察する。赤ちゃん

の反応は母子分離の状態では不安を示し，再会時に喜ぶ安定型，分離する前から見知らぬ部屋に不安を示す抵抗型，分離しても不安を示さず戻ってきた母親を避けようとする回避型の大きく3つに分けられ，これは愛着の発達状況を示していると考えられる。

5 愛着の重要性

愛着の形成にあたっては，養育者が乳児に食事を与えたり，快適な状態を保ったりする存在であるというだけではない。アメリカの心理学者ハーロウ（1905-1981）は，生後間もないアカゲザルの子どもを母ザルから引き離し，代わりに金網でできた人形（代理母）を与えた。代理母は金網のままのもの，布を巻いたものの2種類を用意し（図3-4），哺乳瓶をそのいずれかにセットして授乳できるようにした。興味深いのは，金網のままの

図3-4　代理母にしがみつく子ザル（ハーロウによる）

代理母に哺乳瓶をセットした場合である。子ザルは，空腹になると金網のままの代理母にしがみつき，哺乳瓶から食餌を得たが，それ以外の時間には布を巻かれた代理母にしがみついていた。つまり，子ザルは食餌を与えてくれる金網の代理母ではなく，布を巻いた代理母に愛着を示した。また，子ザルのいる檻の中に子ザルが見慣れていないもの，たとえば音を出して動くおもちゃなどを入れると，子ザルは布を巻いた代理母に飛びつき，しがみついた。そして檻のなかに入ってきた新奇なものを見るような反応が観察された。代理母が新奇な状況に対する安全基地としての機能を果たしていたのである。なお，出産直後に母ザルから離されて養育された経験がない子ザルでは，こうした行動は観察されず，物陰に隠れて縮こまるような行動をした。このような子ザルは，成長しても他のサルとの関係をうまく形成できない場合もあった。ハーロウは，これらの結果から，愛着の形成には世話をされるだけではなく，スキンシップが必要であると結論づけた。また，愛着が形成されるには出産直後一定の時期までに養育される経験をもつことが重要であり，このような経験がないと社会性の発達に障害が生じると考えた。人間と近縁のサルにおいてこのような観察

がなされたことから，高等哺乳類でもある種の臨界期が社会性の発達について存在すると推察される。

　イギリスの精神科医ボウルビィ（1907-1990）は，愛着を特定の相手と相互に信頼しあえる関係を築き，それを維持していく過程であるとした。生後3カ月ごろまでは特定対象だけではなく，さまざまな人へと追視や微笑といった愛着行動を向ける。次に少数の対象に愛着行動を向けるようになる。この段階では，愛着の対象との間で親密な相互の交渉をおこなうようになる。生後6カ月を過ぎると，愛着の対象への好みが強まる。そして移動が可能になると，ハイハイで養育者の後を追いかけたり，愛着対象を養育者を安全基地として周囲を探索したりするようになる。さらに，3歳を過ぎると養育者は必ずしも近くにいなくても自分のそばに戻ってくる，必ず助けてくれるということに確信をもてるようになる。そして，愛着対象となる養育者が自己と異なる意図や感情をもつことに気づき始める。また，愛着対象への接近行動などは減少し，内的イメージを安心感のよりどころとできるようになる。ボウルビィは愛着が一般的にはこのような過程を経て発達するとしているが，エインスワースらはその様相には個人差があることを指摘している。

　このように，乳児期とは自分では何もできない存在というわけではなく，さまざまな能力を発揮して積極的に周りにはたらきかけながら発達をしていく時期であるといえる。

◆参考文献

大藪泰　赤ちゃんの心理学　日本評論社　2013

呉東進　赤ちゃんは何を聞いているの？―音楽と聴覚からみた乳幼児の発達―　北大路書房　2009

ウーシャ・ゴスワミ　岩男卓実・上淵寿・古池若葉・富山尚子・中島伸子（訳）子どもの認知発達　新曜社　2003

アラン M. スレーター・ポール C. クイン　加藤弘通・川田学・伊藤崇（監訳）　発達心理学再入門―ブレークスルーを生んだ14の研究―　新曜社　2017

外山紀子・中島伸子　乳幼児は世界をどう理解しているか―実験で読みとく赤ちゃんと幼児の心―　新曜社　2013

M. レゲァスティ　大藪泰（訳）　乳児の対人感覚の発達―心の理論を導くもの―　新曜社　2014

第4章 発達（幼児期〜児童期）を学ぶ

● 1節　身体の発達

1　スキャモンの発達曲線

　人間の身体発達は，著しく発達する時期が部位によって異なる。図4-1は アメリカの医師スキャモン（1883-1952）による発達曲線で，成人の発達レベルを100とした場合の各年齢の値を示している。リンパ系の発達は，7歳で成人の水準に到達し，12歳ごろにピークに達してその後減退する。神経系は，乳幼児期に急速に発達して6歳で成人のほぼ90％に達し，12〜13歳ごろには成人並になる。内臓組織など一般系は，1〜2歳ごろ急速に発達し，青年期に再び急速な発達を示す。生殖腺系は，神経系とは対照的に青年期までは非常にゆっくり発達し，青年期に急速な発達を示す。

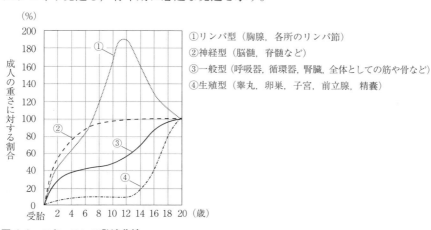

図4-1　スキャモンの発達曲線

2　幼児期の全身運動の発達

　乳児は，乳児期の終わりごろに歩き始め，1歳3カ月ごろには8割以上が歩行可能となる。その後，1歳半を過ぎるとひとりで足を揃えながら階段を上れるようになり，2歳ごろには，両足でぴょんぴょん飛び跳ねたり，走ったりもできる。3歳ごろには，片足で2〜3秒立てるなど，平衡感覚が著しく発達する。3歳を過ぎると運動の分化により，三輪車に乗れるようになり，4〜5歳では50 cmの高さから両足を揃えて飛び降りたり，スキップができるようになる。さらに5〜6歳になると，なわとび運動のような，両足でジャンプしながら，縄の動きを見て，バランスをとるといったいくつかの動きを同時におこなえるようになる。

　このようにして，全身運動の基本的能力は5〜6歳くらいでひと通り完成し，体力が充実して持久力も徐々につき，成熟は終了する。

3　児童期の運動・身体機能の発達

　この時期はすべての運動がいっそう巧みになる（図4-2）。活動的な運動を盛んにおこない，身体の発達とともに精神の発達にも重大な影響を与える。児童期の前半は，幼児期に続き大筋肉運動に伴う全身運動の発達が著しく，走る，跳ぶ，投げるなどの力がさらに伸び，協応性，柔軟性，平衡感覚なども増す。続いて小筋肉運動の協応が進み，部分的な身体運動が発達して多くの運動技能を身につける。

　1, 2年生は，それまでに獲得した全身運動機能をもとに遊びや活動をするが，3, 4年生は技巧的な運動を好み，ボールなどの道具を使った巧

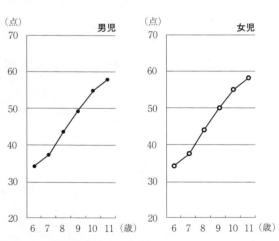

図4-2　新体力テストの合計点の変化
（スポーツ庁，2023）

緻性が必要な運動機能が急速に
伸びる。運動能力に応じた遊び
に興じ，規律や一定の役割を受
け持つ集団対抗的な遊びに熱中
し，体力や運動機能を増大させ
社会性を発達させる。

　小学校5，6年生ごろからは
第二次性徴が始まる。児童期前
半までの幼児体型と比べて，身

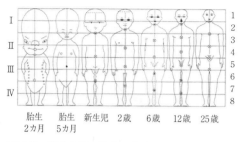

図4-3　身体各部の比率の発達
(シュトラッツによる)

長や体重の増加だけでなく，性ホルモンのはたらきにより声変わりや体毛の増
加，丸みを帯びた体形などの身体的変化が起こり始める（図4-3）。個人差が非
常に大きいが，目に見える変化であるため，他人と比べて悩むことも多い。

● 2 節　ことばの発達

1　幼児の言語能力

　1歳6カ月前後になると，「リンゴ　シュキ（すき）」といった二語文が出現
し始める。この時期の特色として，幼児音がみられる。これは，入力段階で，
周囲が話すことばを正確にキャッチできず，正確に聞き取れても，出力段階で
発音する構音器官が未成熟なために生じる。この場合，本人はきちんと発音し
ているつもりなので，周囲は正確な発音で話しかけることが大切である。

　2歳ごろは物の名前を知ろうと，周囲のおとなに「これ，なあに？」と，視
界に入るものを一つひとつたずねることが増える。子どもは正解を求めている
わけではないので，対応してもらえるだけで安心する。しかし周囲のおとなが
無視したり，「うるさい！」と押さえつけると，子どもは発話しても対応して
もらえない，と発話自体をやめ，語彙の獲得が滞ってしまう。

　2歳6カ月くらいになると，助詞の使い方はまだ不適切だが，「ゾウシャン
ニ　ゴホン　ヨンデ」と3語以上をつないで多語文で話すようになる。3歳く
らいでは，発音がしっかりとして，会話の文章に接続詞が入り，おとなの会話
の模倣もできる。4歳ごろには，基本的な文章の構造を理解し，自分の考えや

出来事を報告できる。この時期は「どうして？　なんで？」と疑問語を使って，おとなが答えに窮するほどの質問をすることも多い。これに対しても周囲のおとなはあまり深刻になりすぎず，ゆったり焦らずに，しかし対応だけはきちんとすることが大切である。

　5歳ごろには，相手に自分の話をわからせようとしたり，文字や数に興味をもつ。6歳では書字にも関心をもち，自分の名前からひらがな，カタカナ，さらには数字の読み書きができるようになる。

　このように使うことばが増え，発音や話す内容がしっかりしてくると，友だち同士でもお互いの言うことが伝わる。周囲のおとなも子どもの表情や行動だけでなく，話す内容も子どもの気持ちを知る手がかりにできるようになる。

2　児童期のことばの発達

　漢字教育が始まり，文章理解の学習が始まる。語彙数もさらに増え，事物の名前だけでなく抽象的な概念なども学ぶ。文章を読めるようになり，自分が身につけてきた知識や体験をもとに，想像力を駆使して読解力を高めていく。さらに，自分の体験や考えを文章にして，読み手に伝える作文もおこなう。そのためには，句読点を正しく使い，主語と述語の関係を考えるなど作文の構造を学ぶことが必要で，それによって，よりよい表現を身につけることができる。

● 3節　遊びの発達

1　幼児の遊びの発達

(1) 遊び相手の人数　　1歳では親にかまってほしくて，近くに他児がいてもあまり関心を示さない。2歳ごろもひとり遊びが多く，遊び相手はおとなで，数人がそばで遊んでいても一緒には遊んでいるわけではない。3歳ごろは，同年齢の1，2人と一緒に遊ぶ。これには相手と話しながら遊べる会話能力や運動能力，知的能力の発達が大きく影響する。また，「（仲間に）いれて」を使えるようになる。5歳以上では5，6人と一緒に遊ぶようになり，遊び相手も子どもだけになる。

(2) 「遊び」の段階（質）　　社会的見地から見た遊びの段階は，次の6つに分

類される。

　第1段階は「集団に入っても何もしていない」段階で，集団に入ってもひとりでブラブラしていて，気が向いたものがあると手を出してみる様子がみられる。第2段階は「ひとり遊び」の段階で，そばに誰が何をしていても無関心で，自分がしたいことをしている。第3段階は「傍観者的遊び」の段階で，遊んでいる他の子どものそばで見ている状態であり，一緒に遊びはしないが，他の子どもへ関心が向き始める。第2，第3段階は入れかわって出現することもある。

　第4段階は「平行遊び」の段階で，そばで遊んでいる子どもと同じ道具で同じような遊びをするが，両者の間に交流はなく，それぞれが独立的におこなっている。第5段階の「連合遊び」の段階は，追いかけっこをするなど，他の子どもとの間に交流がある。1つの遊びを横のつながりをもっておこなっている。

　第6段階は「組織（協同）的遊び」の段階で，かくれんぼなど役割を担って秩序やルールといった社会的行動を含んだ遊びをする。発展すると，ルールを守りながらも，ときには破って，都合がよかった，迷惑して困ったという経験を積み重ねる。そして，子ども同士の横のつながりで取り決めたり，工夫したりすることができる。

　遊びは基本的には以上の段階を経て発達するが，各段階が単独で出現するよりもいくつかの段階が複数で出現する状況が多い。これは，遊びがひとりだけではなく，多数の他者との関係のなかで発達すると考えられるからである。

(3) ごっこ遊び　　ごっこ遊びは，子どもの遊びのなかでとても重要である。それは，日々の生活体験を自分なりに解釈し，それを再現しているのである。

　ままごと遊びのなかでは，親の口癖を再現する様子がみられる。行動や会話を記憶し，推理などの知的作業の発達から，日常生活の再現をおこなっているのである。

　ヒーローごっこでは，誰かが敵役をやらないと，みんながヒーローに変身した時点で遊びは終わってしまう。つまり，自分がやりたいことだけでは，他者との関係はうまくいかないという対人関係の基本を体験する。さらに，自分が敵役のときには，退治されるのはかわいそうだと感じる。ヒーローからの視点だけでなく，退治される立場を経験することで，別の視点をもつことができる。自制心が遊びのなかで形成され，脱中心化が促進されて脱自己中心的思

考・経験をするのである。また，遊びのなかで日ごろのちょっとした不満を役にぶつけてストレスを発散させることもでき，これは精神的緊張を解消させる効果もある。

2 児童期の遊びの発達

(1) 小学校低学年の子どもたち　子どもは，小学校に入学し新たな人間関係を確立しなければならない。学校生活という一日のうちで長い時間を過ごすなかで，担任とかかわりたいと望む傾向は強く，それによって学校生活に対する不安を解消し，友だちとのかかわりを構築して，学校に適応していくことがこの時期の課題となる。

　この時期の子ども同士の結びつきは，さほど強くはなく，男女が入り混じって一緒に遊び，行動をともにする存在である。そのなかで教師の規制に依存し，決まりを画一的に守ろうとする。これは遊びにもみられ，この時期はルールを絶対視し，決まりを守る子はよい子，と考える傾向が強くなる。ときには友だちとの口論や喧嘩をとおして，少しずつではあるが自己抑制を学び，お互いを理解していく。

(2) 中学年の子どもたち　身体的成長に伴い運動能力が高くなるため，集団でのスポーツや遊びを好む。この時期は，仲間の影響力が次第に強くなる。友だちを選ぶ条件として，お互いの好みや性格などの心理的な側面が重視され，男児同士，女児同士で気のあう友だち4～5名とグループを作って，仲間意識をもって行動する。仲間内だけで通じるルールを作って結びつきを強め，役割や態度を明確にもとうとする。対外的には排他的で，おとなからの干渉を避けたがるため「ギャング・エイジ」とよばれる。独特の集団活動のなかで，仲間意識をもちながら協力して特定の目的に向かって進む。そのために，メンバーそれぞれが自己主張や自己抑制をしながら，役割を責任をもって遂行し，社会的スキルを身につける。それは，学校生活場面で協力するスキルを身につけることにもつながる。周囲のおとなは，子どもの正常な発達過程であると理解し，対応することが大切である。

　しかし，ギャング集団は日本ではアメリカほど顕著にはみられない。近年では，塾やゲーム，子どもを巻き込む犯罪の増加などに伴い，放課後に自由で自

然発生的な遊びをする時間や機会が激減している。そのため，ギャング集団が構成されにくくなり，密接な仲間関係の体験をもてない子どもが増えている。

(3) 高学年の子どもたち　　中学年で形成された仲間意識は，身近な数人との関係だけでなく，クラスや学年，学校単位の大きな集団へと拡大し，集団と自分とのかかわりについても考えるようになる。委員会活動では，課せられた役割を仲間とともに遂行するようになる。クラブ活動では，自分の関心や個性を考えて活動内容を吟味して選択し，同じ趣味をもつ友だちと興味を追求する。それらをとおして家庭，クラス，児童会活動などでも役割意識を高める。友人との関係は，親子関係をはじめとするほかの人間関係よりも次第に優先されるようになる。

● 4 節　知覚・自我・思考の発達

1　幼児期の知覚の発達

　幼児の知覚の特徴に，相貌的知覚がある。コップが倒れているのを見て「コップがねんねしてる」と言ったり，車の正面が人の顔に見えて怖がるなど，生命のない対象物に人が抱く感情や表情を見てとる。これは情緒や欲求が未分化で客観的に知覚できないためである。生物と非生物の区別がつかず，すべてのものに生命を認める段階から，時計など動くものに生命を認める段階を経て，動物や植物に生命を認めるようになる。このほか音を聞いて（聴覚）色を見る（色覚）など，ひとつの感覚がはたらくと随伴して他の感覚も同時にはたらく共感覚も認められる。多くは幼児期特有であるが，なかには成人後も共感覚をもち続ける人もいる。

　色の弁別能力は2〜5歳の間に著しく発達し，言語の獲得が色概念の形成に大きく影響する。形の知覚は2歳6カ月ごろに完成し，大きさの知覚は2〜7歳で直線的に発達する。方向の知覚は，2歳6カ月で上下，4歳前後で左右がわかるようになるが，他の知覚能力と比べて発達が遅い。時間の知覚は，2歳では「後でね」は理解できないが，3歳になると「きのう」「あした」がわかる。4歳では自分の年齢はわかるが，その長さについては理解できていない。

第4章　●　発達（幼児期〜児童期）を学ぶ

2　自我の芽生え

　乳児は，欲求の充足のすべてを養育者に依存し，それはほとんど満たされ，養育者を自分の思うとおりに動くものと考えている。しかし，運動能力が発達し，ことばを覚える幼児期になると，知的・精神的な側面も発達する。養育者は，しつけのためにこれまでのような勝手な行動を許さず，欲求を社会化されたかたちで表現させようとする。しかし，2～3歳児は，自分の主張をとおそうという傾向が強まる。何かというと「いやだ」と言って，自分の思いどおりにならないとかんしゃくを起こして反抗する。これは，次第に自我が芽生え発達していることを示す。つまり，周囲との対立の関係から自分を意識することで自我が芽生えてくる。しかし，周囲のおとなにとっては好ましい行動ではないので，子どもの欲求に制限を加えるために「反抗」という現象が生まれる。これは「第一反抗期」とよばれ，子どもが依存していた対象から脱して独立する過程で生じる発達的な現象である。

　5歳を過ぎると，子どもは周囲から何を期待されているかがわかるようになってくると同時に，社会的に望ましいかたちで表現することで自分は満足を得られるということを認識するようになる。そのため，このような反抗現象は減少する。

3　ピアジェの思考の発達段階

　スイスの心理学者ピアジェ（1896-1980）は，思考の発達について，子どもは，①シェマ：これまでにもっている経験によって形成された活動の様式，枠組み，②同化：すでにもっているシェマをあてはめて新しい事実を理解する，③調節：新しい事柄に適応するため，すでにあるシェマを変えていく，という3つの機能を用いて，環境に積極的に取り組み，知的発達を遂げていくと考えた。

　2歳を過ぎると，子どもはことばを使いこなし，目の前にはない物を思い浮かべ，概念を操作して考え理解するようになる。また，自分の考えを相手に伝えることも可能になる。これが表象的思考段階である。この段階は，前操作期，具体的操作期，形式的操作期の3つに分けら

ピアジェ

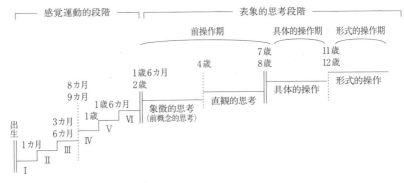

図 4-4　ピアジェの思考の発達段階

れる（図 4-4）。

　前操作期のうち，2〜4歳ごろの思考を象徴的思考という。具体的な物を使わずに，ことばやイメージを使って心のなかで物を思い浮かべることができ，過去の体験・経験などを思い出して表現する延滞模倣や，葉っぱに乗せた泥ダンゴを「モグモグ，おいしい」と食べる真似ができるなど，ごっこ遊びが成立する。

　直観的思考（4〜7歳）は，言語機能が発達し，ことばやイメージを関連づけながら世界を理解するが，論理的思考ではない。見た・触ったときに知覚した事物を中心に考えるため，「見かけ」など目立つ特徴に惑わされやすい。主観的な視点のみで，他者の立場から物事を考えることが難しい（中心化）。

　図 4-5 のように，子どもの前で同じ形の2つのコップに同量のジュースを入れる。1つのコップから細長いコップにジュースを移しかえると，細長いコップの水面のほうが高くなるのを見て，子どもはジュースの量が多いと認識する。保存の概念が成立していないので，見かけの高さに思考が影響を受ける。3〜4歳児の大部分は，コップのなかの見かけ上のジュースの高さに惑わされ，細長いほうが多いと回答し，5〜6歳でも何割かは見かけの変形に注目してしまう。

　具体的操作期（8〜11歳）に

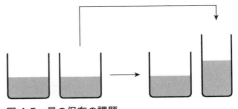

図 4-5　量の保存の課題

第 4 章　● 発達（幼児期〜児童期）を学ぶ　　45

は，量以外にも数，長さ，重さ，体積などの保存が成立する割合が急増する。ジュースは減っても，追加されてもいない（同一性），見かけ上は細長いほうが高いが，底面積が小さくなっただけで，全体の量は変化しない（相補性），もとの容器に戻せば同じになる（可逆性）などで「保存」を説明できる。10～11歳の子どもは，見かけに左右されずに自分以外の立場から論理的に物事を考え（脱中心化），筋道を立てて論理的に考えることができる。

形式的操作期（12歳以降）は，具体的な現実に縛られることなく，目の前にないものでも論理的に考えられるようになる時期である。形式的操作が完成するのは14，15歳ごろであり，児童期の後半は形式的操作期の入り口にさしかかる。

●5節　エリクソンの発達課題

エリクソン

アメリカの発達心理学者・精神分析家のエリクソン（1902-1994）の発達課題を紹介する。

エリクソンは，精神分析学の創始者フロイト（1856-1939）の理論から独自の発達理論を展開した。エリクソンは「人間は生まれてから死ぬまで，生涯にわたって発達する」という考えのもと，人間の発達を社会や人間関係からとらえ，ライフサイクルを8つの段階に分けて，それぞれの段階で獲得すべき課題を設定した（図4-6）。各段階には，肯定的側面と否定的側面（心理的危機）とが対になっている。これは，心身の健康には肯定的側面だけでなく否定的側面も経験しながら，最終的には肯定的側面が上回っている必要があるという意味である。

1　幼児初期（1歳半～2，3歳くらい）の発達課題　自律性vs.恥・疑惑

全身の筋肉や運動機能，ことばが急速に発達し，それに伴い，幼児は自分自身の体を使って遊び，「自分でやる」と言って，ひとりでできることに関心をもつ。行動が成功体験につながると大きな喜びになる。さらに，自分の意志で行動して範囲を広げたり，自己主張をし始めたりする時期である。

	肯定的側面	得られる価値	否定的側面
老年期	統合	英知	絶望
成人期	世代・生殖	世話	停滞
成人初期	親密	愛	孤立
思春期・青年期	自我同一性	忠誠	役割拡散
学童期	勤勉性	自己効力感・適格	劣等感
幼児期	積極性	目的	罪悪感
幼児初期	自律性	意志	恥・疑惑
乳児期	基本的信頼	希望	基本的不信

図 4-6　エリクソンの発達課題

　しかし，自分の能力を超えた課題に挑戦してしまうと，経験・能力・技術的に未熟で思うようにできずに失敗する。自分への疑惑を感じ，養育者から叱られて恥ずかしさを体験する。養育者が厳しく叱ったり，過剰に干渉すると自律性は育たず，自発的な行動意欲や自信がもてず，恥や疑惑ばかりを感じる。この課題が未解決のままだと，不安が強く失敗を恐れて新しいことへの挑戦に躊躇し，自信を失い，消極的になる。エリクソンは，永続的な自律と自尊の感覚は自己評価を失わない自己統制の感覚から生まれると指摘した。この段階は，意志力を獲得する。

2　幼児期（3 歳〜 4，5 歳）の発達課題　積極性 vs. 罪悪感

　周囲の環境を探索する際に，自分で考えて果敢に行動する積極性がこの時期の発達課題である。エリクソンは，「傷つかない積極性」と表現している。子ども同士で会話し意思の疎通を図ることができ，おとなの真似をしたり，周囲への興味関心を広げて探索を続け，積極性が表れる。また，子どもだけでルールを作り遊ぶ。同年代の子どもとの間で，力づくで欲しいものを取りあって喧嘩になると，養育者に怒られる。そこで，親からの適切なしつけや公共場面での振る舞いに対する助言や，さまざま役割を体験する「ごっこ遊び」などをとおして，子どもが他の子ども（仲間）とかかわることで社会性を身につけ，規範意識が少しずつ芽生え，良心が確立され，それが道徳心の基礎となる。しか

し，養育者に過度に厳しくしつけられたり，他の子どもたちと常に比べられて
怒られたりする経験は，子どもに不安や罪悪感を引き起こし，自主的な行動を
抑制する。この自律性と罪悪感のバランスがうまくとれれば心理的危機を克服
し，目的意識の力を獲得できることになる。しかし，うまく克服できずに固着
すると，自尊心の低下につながる。

3 学童期（児童期）の発達課題　勤勉性vs.劣等感

　学校という大きな社会的組織のなかで，知識や教養・能力・技術を獲得し，
思考力を発展させる。そして，クラスの仲間や教師との関係のなかで，自分の
行動を他者から評価される体験から，周囲の期待に応えようと努力する。周囲
の人たちから認められて励まされると，それまでの頑張りを自分のなかで受け
入れ，自信がもてるようになる。これが有能感・自己効力感で，勤勉性につな
がる。しかし，すべての技能が必ずしも習得できるものではないことも自覚し，
他者と比較する。とくに学校での失敗や公的な場での嘲笑は，否定的な自己像
を作り上げる。固着すると，自分の能力に自信がもてずに，何をやっても駄目
だと思ってしまう。どんなに努力してもかなわないことを知るのも大切で，失
敗した自分を受け入れることでこの危機を乗り越え，他の人の気持ちを理解で
きるようになる。劣等感を経験しながらも有能感をもてる経験が上回り，勤勉
性を身につけていくことが必要である。

◆参考文献

新井邦二郎（編著）　図でわかる発達心理学　福村出版　1997
小池庸生・藤野信行（編著）　幼児教育と保育のための発達心理学　建帛社　2012
中澤潤（監修）　中道圭人・榎本順子（編）　幼児・児童の発達心理学　ナカニシヤ出版
　2011
バーバラ M. ニューマン・フィリップ R. ニューマン　福富護（訳）　新版　生涯発達心理
　学―エリクソンによる人間の一生とその可能性―　川島書店　1988
山内光哉（編）　発達心理学（上）〔第2版〕　―周産・新生児・乳児・幼児・児童期―　ナ
　カニシヤ出版　1998

第5章 発達（思春期〜青年期）を学ぶ

● 1節 青年期とは

1 青年期の位置づけ

　青年期はいつ始まりいつ終わるのか。学校段階では，青年期は中学生・高校生・大学生の時期にあたり，中学生・高校生を青年期前期，それ以降を青年期後期と分けられ，青年期前期は思春期とよばれることも多い。青年期が始まるタイミングには個人差があり，身体的・生理的変化が訪れたときがその始まりといえる。子どもの接し方ではないが，おとなとしても扱われないため，青年

レヴィン

自身も自分の立ち位置に戸惑うことがある。このように，青年は子どもとおとなのどちらにも所属しきれず，境界線上にいる状態であるとして，ドイツの心理学者レヴィン（1890-1947）は「境界人（マージナルマン）」と表現している。青年期の終わりがいつであるかを明確にするのは難しいが，近い将来，国民の半数以上は寿命100歳を超える「人生100年時代」が予想されており，平均余命の伸びや高学歴化，晩婚化など，青年を取りまく状況は大きく変化している。それに伴い，青年期は延長しているという議論もある。しかし，心理学的には20代半ばぐらいがおおむね青年期の終わりとみられている。

2 心身に訪れる大きな変化

(1) 身体発達と思春期スパート　　青年期は成長と成熟のアンバランスが特徴であり，アメリカの心理学者ホール（1844-1924）が「疾風怒濤の時期」とよ

んだように，心身ともにエネルギーを消耗する激しい変化を体験する。人間には，生涯を通じて身長や体重が急激に増加する時期が二度訪れる。一度目は誕生〜2歳ごろ，二度目は青年期前期（思春期）である。小学校高学年から高校生ごろまで，思春期の発達変化は個人差が大きい。1年間に身長が10cm以上伸びるような急激な発達は思春期スパートとよばれ，

ホール（前列中央）
前列左からフロイト，ホール，ユング，後列左からブリル，ジョーンズ，シャーンドル。

その到来には4〜5歳の差がある。17歳ごろになるとおおむねおとなと同じ体格になり，身体発達の完成時期を迎える。

また，身体発達は時代や地域により差のあることが知られている。2019年子ども，1989年親，1964年祖父母の3世代において，それぞれ11歳，14歳，17歳時点の平均身長および体重を男女別に世代間比較（図5-1，図5-2）したところ，祖父母世代から親世代で発達スピードが速まっている。世代が新しくなるにつれて身体発達が促進されることを発達加速現象というが，2019年の子世代の体格は，親世代とほぼ同様か，いくらか停滞していることに気づくであろう。親世代に顕著であった発達加速現象は，成長の途中段階では差があっても，17歳時点での世代間の差は目立たなくなってくる。このように日本に

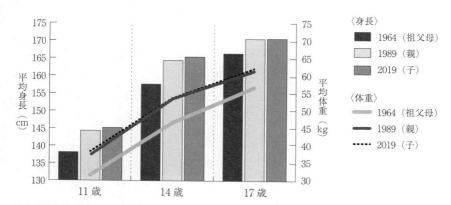

図5-1　男性3世代における11歳，14歳，17歳時点の平均身長・平均体重の比較
（文部科学省の学校保健統計調査をもとに作成）

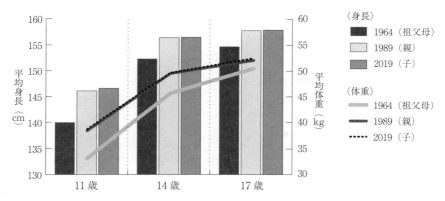

図5-2 女性3世代における11歳，14歳，17歳時点の平均身長・平均体重の比較
(文部科学省の学校保健統計調査をもとに作成)

おける発達加速現象は停滞感があり，同様の傾向は先進諸国で認められている。経済発展がめざましい開発途上国では加速度が高まっていることから，生活環境の豊かさが影響していると考えられる。

(2) 第二次性徴の訪れ　身長や体重の増加だけでなく，生殖機能が成熟することも思春期の特徴である。性ホルモンの分泌が増えると，男子は精通や声変わり，ひげや恥毛が現れ，筋肉が増大して体つきもがっしりとしてくる。女子は初潮，乳房のふくらみ，丸みを帯びた体つきなどが現れて，見た目の変化が大きくなる。このような身体上の特徴を第二次性徴とよび，女子は男子よりも訪れる時期が早い。性ホルモンの分泌により，青年は性への関心を高め，性的欲求を感じたり異性に興味関心を抱いたり，行動にも変化が現れる。おとなになる過程で身体が変わっていくのは，誰にでも訪れる自然な変化である。ところが，変化の起きる時期は自分で選択できない。その上，心身が変わるスピードもアンバランスである。心の準備が不十分なままに身体の変化が訪れると，動揺や混乱が起きる。男女ともに早熟なほど身体の変化を受け止めることは難しく，晩熟なほど受け止めやすい。とくに，女子は周りの身体的変化にも気づきやすく，自分と他者を比べて不安になったり，戸惑いや恥ずかしさを感じたりする。

　さて，わが国で性について学ぶ機会は，身体の変化や妊娠・生命の誕生・性感染症など生殖にまつわることが多い。近年，諸外国では包括的性教育が広が

りをみせている。性の問題は生き方の問題ともいえ，この変化をどのように受け止めていくのかは青年だけでなく人にとって大切なテーマである。

(3) ジェンダーと性役割　　　自らの性をどのように受容するかは，青年が出会う課題のひとつである。それまで自認してきた性別ラベルと異なる視点で，性と向きあう機会が増える。性は多様であり，男性と女性といった分け方だけでは理解しえないことを知る必要がある。セックス（生物学的性）とは，生まれつきの生殖機能の違いによる性差であることに対して，ジェンダー（社会的・文化的性）は養育環境や社会とのかかわりのなかで影響を受けて形成される。

　ジェンダーには，性役割や性に対する偏見も含まれている。私たちの社会には古くからの慣習や伝統，文化によって作られた男性像や女性像があり，男女はそれぞれに異なった行動を期待されるところがある。男らしさ・女らしさというように，ファッションや髪形，ことばづかいやコミュニケーション，職業，家や職場での役割，価値観，考え方などに「あるべき姿」として反映されることがある。こうした性に結びつけて期待される行動は性役割行動とよばれ，幼少期からの親や養育者のはたらきかけなど環境から影響を受け形成される。

　しかし，性役割と自分自身の性に対する認識に折りあいをつけていくことはたやすいことではない。身体的変化が進むにつれて，自分自身の性に違和感が生じて苦悩を強める場合もあり，学校現場ではとくに配慮が必要である。文部科学省は，2022（令和4）年『生徒指導提要』（改訂版）において，性に関する課題として「性的マイノリティに関する理解と学校における対応」をあげ，自認する性別の服装の着用や職員トイレの使用を認めたり，呼称の工夫をおこなったりするなど，支援の事例を紹介している（**表5-1**）。青年が性の多様性を認め，お互いを尊重できるような環境を作ることは，ともに生きる社会の実現に向けて欠かせないことであろう。

3　"生きる"ために生まれ変わる

　青年はおとなに近づく身体の変化によって，周囲のおとなからは「もう子どもではない」という見られ方に変わる。周囲が青年に期待するものも異なり，それを受けて青年自身の言動や行動も子ども時代と違ってくる。たとえば，友だちと相談して電車で遠くまで出かけることが可能になるなど，行動範囲が広

表 5-1　性同一性障害に係る児童生徒に対する学校における支援の事例
（文部科学省『生徒指導提要〔改訂版〕』）

項目	学校における支援の事例
服装	自認する性別の制服・衣服や体操着の着用を認める
髪形	標準より長い髪形を一定の範囲で認める（戸籍上男性）
更衣室	保健室・多目的トイレ等の利用を認める
トイレ	職員トイレ・多目的トイレの利用を認める
呼称の工夫	校内文書（通知表を含む）を児童生徒が希望する呼称で記す 自認する性別として名簿上扱う
授業	体育または保健体育において別メニューを設定する
水泳	上半身が隠れる水着の着用を認める（戸籍上男性） 水泳・補習として別日に実施，またはレポート提出で代替する
運動部の活動	自認する性別に係る活動への参加を認める
修学旅行等	1人部屋の使用を認める，入浴時間をずらす

がり移動手段の選択肢も増える。こうした社会的な変化は，青年のかかわる世界を広げてくれるが，それには行動の責任が伴う。同時に身体の変化は，周囲からどう見られるのかという不安をかきたて，いやおうなしに自分の内面に目を向けさせる。また，性ホルモンの分泌から自律神経が影響を受けたり，性欲動の高まりからイライラ，モヤモヤなどと表現される衝動を感じたりすることも増える。さらに，他者に対しては厳しい批判や評価の目を向けることがある。じつは，その目は自分にも向けられていることが多く，自己批判を繰り返して劣等感にさいなまれることも少なくない。このような心理的変化は，価値観や考え方を揺さぶり，青年は内的な自分に出会うことになる。

　青年期は周りの環境と自分自身のどちらも変化が大きいため，それらを調整しながら適応を図ることに多大なエネルギーが必要となる。フランスの哲学者ルソー（1712-1778）は著書『エミール』のなかで，「人は二度生まれる。一度目は存在するために。二度目は生きるために」として，青年期を「第二の誕生」と述べている。これまで親や養育者に依存してきた存在から，自分で考え行動する自立した存在へと生まれ変わるような変化である。まさに，青年が"生きる"ために生まれ変わることを示しているのである。

ルソー

4 親子関係の変化

（1）心理的離乳　青年期は"親に依存する親子関係"から脱していく時期である。身体的には親から自立した存在となっても，経済的，精神的にはまだまだ親の保護下にあることが多い。しかし，青年は精神的な自立に向けて，自分で考え行動しようとし始める。このような依存と自立の葛藤が生じるのは青年期の親子関係の特徴であり，青年の精神的自立に向かおうとする心の動きをアメリカの心理学者ホリングワース（1886-1939）は心理的離乳とよんだ。

ホリングワース

（2）自立に向けて　人は2〜4歳の第一反抗期ののち，青年期前期（思春期）に第二反抗期を迎える。一般に，第二反抗期は青年が自分の意思をもち始めた自立に向かうプロセスと理解されている。反抗というと，権威に従わず自分の意見をことさら主張したり無視したりする姿を思い浮かべる人もいるだろう。青年が示す反抗の形態は，心理学者の小沢一仁が『中学2年生の心理』（大日本図書）のなかで6種類をあげて説明している（図5-5）。まず，「親から離れる反抗」と「親に向かう反抗」があり，その程度によって前者には「親と会いたくなくて外出する」「親を避けて部屋に閉じこもる」「親を無視するまたは話をしない」，後者には「親に口答えをする」「親にイライラして物に当たる」「親に対して暴力を振るう」がある。青年がいつ，どのような反抗を示すのかは，青年の心理的発達の状況や親子の関係性，家庭外の状況によるという見方がある。

　それでは，青年の反抗にはどのような意味があるのだろうか。第二反抗期は，親の庇護から抜け出し自立に向かう練習期でもある。親やおとなから指図されるのでなく，"自分に関することは自分で決める"という青年の意思が反抗として現れてくる。たとえば，親の意向とは違うものを青年自身が計画を立てて実行に移すとする。数々の成功と失敗に遭遇するが，経験

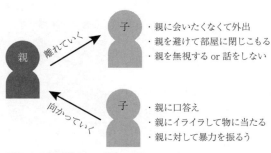

図5-5　親に対する反抗の形態（小沢一仁の記述をもとに作成）

を重ねていくうちに，自分なりのやり方や価値観，自分の世界が見えてくる。このように，青年は反抗という態度で自立に向かう練習を重ねるのだが，それには安定した心の基盤が重要である。親やおとなに必要なかかわりは，青年を見守りながら対話をとおして意思を尊重することである。こうして，青年は自立に向かって親との関係を結び直し，新しい親子関係を築いていくこととなる。

　一方で，近年，反抗期を経験しない青年は3～4割程度存在するともいわれており，必ずしも自立の遅れや不良な親子関係を指摘されるわけではない。親子間の葛藤は存在しても，その程度が比較的穏やかなものであるため，第二反抗期は薄まっているという見方もある。反抗が示されないケースには，エネルギーの矛先が親以外の対象に向かっていたり，そもそもエネルギーが低かったり，あるいは親やおとなが青年に寄り添って意思や気持ちを尊重していることが考えられる。反抗の有無や程度が必ずしも青年の自立の扉を開けるのではなく，子ども時代と異なる親子関係を再構築していくことが，青年の自立を後押しすると考えられるだろう。

● 2 節　自分をめぐる悩みとアイデンティティ

　青年期は，子ども時代からなじみであった自分が変わっていく"自分づくり"の時代である。それまでもっていた自分へのイメージが作り変えられていき，自分の特徴を誰かと比べたり，また誰かに特徴を指摘されることで思い悩んだり，困難や葛藤を抱えやすくなる。自分をめぐる問いが，青年の心のなかをかけめぐることとなる。

1　アイデンティティの確立
　これまで気づいていなかった自分自身に出会った青年は，"他者から自分がどのように見えるのか"をとおして自分を見ようとする。たとえば，鏡に映る自分を見たり，鏡を見て自分に話しかけることが増えたりするが，それは自分を知ろうとする行動であり，自己理解への一歩でもある。アメリカの発達心理学者エリクソン（1902-1994）は，精神分析を創始したオーストリアの心理学者・精神科医フロイト（1856-1939）の発達段階をライフサイクル全体にまで

第5章　● 発達（思春期～青年期）を学ぶ　　55

拡大し，発達課題を各段階における心理社会的危機ととらえる発達理論を提唱した（p.47，図4-6参照）。青年期の発達課題は「同一性の確立」と「同一性の拡散・混乱」の両極端に示された葛藤をバランスよく解決することである。ここでいう同一性とは，自我同一性＝アイデンティティのことを指している。このような発達課題の達成は，対概念で示された葛藤をほどよく解決していくことでなしえるのであり，自分だけの力でなく周囲の人・社会とのかかわりをとおして次の段階へと発達していく。

　それではアイデンティティとは何か。一言でまとめると「自分とは何か」という問いへの答えである。エリクソンはこれを「内的な不変性と連続性を維持する各個人の能力が，他者に対する自己の意味の不変性と連続性とに合致する経験から生まれた自信のこと」としている。わかりやすく言えば"今日の自分は昨日までの自分と明日からの自分とつながっていて，自分は他の誰かでなく自分ひとりしか存在しない"と感じること，"自分が望むもの，めざすものが明確になっており，他者から見られる自分と本来の自分が一致していると感じる"主観的な感覚である。しかし，この感覚をたしかに自分のなかで感じ，かつリラックスした自然な状態でいられるには，相応の時間と経験が必要である。そのために，自分にまつわる情報を整理していくことや，漠然とであっても自分の輪郭をつかんでいくこと，自分のさまざまな面を受け止めることは，いずれもアイデンティティの形成につながるだろう。

　アイデンティティが確立していくと，自分を役割や職業，地位など「～としての自分」として認識することができ，自信が生まれる。そのころには，「自分とは○○な人で○○の特徴があり，このようなことを大切にする人である」と自分自身を客観的にとらえ，説明することができるようになる。近年は，青年がおとなになっても周りの環境は変わり続けるため，アイデンティティ形成の問題は，青年期以降も問われ続ける生涯発達の過程と位置づけられている。

2　モラトリアムとアイデンティティ拡散

　一方で，自分をめぐる悩みから抜け出せなくなることもある。ひとつはモラトリアムである。進路の選択ができず，大学生であれば，休学・留年を繰り返したり，自分探しを続けて足踏み状態にとどまってしまう。このような決定猶

予の期間をエリクソンはモラトリアムと称して，社会的責任や義務が猶予されている間に青年期ならではのさまざまな営み（旅行やアルバイト，部活サークル，恋愛，勉強など）を体験しながら，自分について考え将来の姿を想像し，自分の人生を価値あるものへと育てていくとした。

　もうひとつは，アイデンティティ拡散である。これは，何かを決めることを積極的に回避したり，「あれも，これも」と決められず途方に暮れたりして"自分について確信がもてない状態"を指す。なかには自分をめぐる苦悩，葛藤，落胆，動揺，回避が大きく「自分がバラバラになってしまったように感じる」こともある。この感覚が続くと，メンタルヘルスのバランスを崩して日常生活に支障が生じる。中学生・高校生であれば保健室や相談室，大学生であれば学生相談室などをうまく活用したり，信頼できる Web サイトから情報を得てオンライン相談などに投げかけてみたり，対処方法を誰かと一緒に相談することを試すとよい。

● 3 節　青年期の対人関係

1　青年期の友人関係

　依存から自立に向かう新しい親子関係や心身の変化によって，青年は不安や恐れを感じるようになる。親からの心理的離乳が進むにつれて，青年はそうした感情を相談できる友人を求めるようになり，友人とのつながりが重要性を増してくる。いつしか友人関係は親との関係を超えて，生涯にわたるつきあいになる。このような変化は，友人関係の発達という視点でみると興味深い。

（1）同質性を求める関係　　青年期前期は，他者からの見え方をとおして自分を理解しようとする。"自分が思うほど他者は自分を気にしていない"ことに気づかず，「周りから変と思われないか」など，自分がどのように見られるかに不安を覚える。自己を形成していく途上の青年は，自分の延長線上に他者がいて，同質性を求める関係でつながっていく。お揃いのペンケースや一緒に撮る写真など共通のモノを所有し，一緒に登下校したりゲームに興じたりするなど，共通の行動をとることはその表れである。友人と一体感をもち共通性と類似性があることに安心するという同質性は，青年期前期の女子に特徴的にみられやすい。親からの自立に伴う不安が大きい青年ほど，孤立を恐れて親密さを

求める。そのため，同質性へのこだわりが強くなり閉鎖的にもなる。その結果，異質なものをもつ人を排除しようとする心の動きが生まれ，これは中学生にいじめが多いこととも関係しているだろう。排除を恐れて，この時期の青年は自分の意見や気持ちを出し控え，防衛的に同調することに終始してしまう。

(2) 異質性を認める関係　　孤立を恐れる青年が，同質性を求める傍らで，人と違うことや独自性を望む思いに気づき始める。青年期後期になると，同質性を基盤に他者とつながっていても，自分と他者が違っていてよいという異質性を重視し，互いの個性を尊重した上で意見を交わせる関係が作れるようになる。また，相手の優れた能力をうらやましく思うだけでなく，自分もそうなりたいという動機づけが生まれ努力することもある。さらに本音をぶつけあい，意見の相違から口論になることや傷つけあうことがあっても，それを修復することができるようになる。このような経験をとおして相手に信頼を寄せられるようになり，互いに尊重しあえる友人関係を築いていく。アイデンティティを模索する時期だからこそ，互いを尊重できる友人関係が支えになる。

2　青年期の恋愛関係

　恋愛は青年にとって大きな関心事であり，悩ましいものである。性的成熟に伴って人は誰かに惹かれるようになり，恋愛関係をもつようになる。カナダの作家・社会学者リー（1933-2013）は，恋愛関係を6類型に分類した理論を提唱した（**表5-2**）。青年の恋愛行動に詳しい社会心理学者の松井豊は，青年期の恋愛はマニア，エロス，アガペの3つが基本スタイルであるとしている。また，恋愛は特定の他者と親密で特別な関係を築くものである。親密性は，エリクソンによれば成人期の発達課題であり，パートナーと対等で互いに個を尊重できる信頼感に基づいた関係を作り上げることである。そのためには，双方がアイデンティティの感覚を備えていることが必要である。青年期の恋愛は，アイデンティティを確立すべく自分という人間を同定していくためのプロセスであることも多い。他者をとおして自分を見ようとする青年期の特徴を考えると，相手からの評価によって自分のアイデンティティを定義づけようとして，相手に映る自分の姿に関心を寄せてしまう。こうした恋愛は，アイデンティティのための恋愛とよばれる。

表 5-2　リーの恋愛類型論における各類型の特徴（松井豊による）

名称	特徴
Mania（狂気的な愛）	独占欲が強い，嫉妬，憑執，悲哀などの激しい感情を伴う
Eros（美への愛）	恋愛を至上のものと考えており，ロマンチックな考えや行動をとる 相手の外見を重視し，強烈な一目ぼれを起こす
Agape（愛他的な愛）	相手の利益だけを考え，相手のために自分自身を犠牲になることも，厭わない愛
Storge（友愛的な愛）	穏やかな，友情的な恋愛。長い時間をかけて，愛が育まれる
Pragma（実利的な愛）	恋愛を地位の上昇などの手段と考えている 相手の選択においては，社会的な地位の釣合など，いろいろな基準を立てている
Ludas（遊びの愛）	恋愛をゲームととらえ，楽しむことを大切に考える 相手に執着せず，相手との距離をとっておこうとする。複数の相手と恋愛できる

● 4 節　将来の展望〜未来予想図〜

1　進路指導とキャリア教育

　進路指導とは，文科省によれば青年自身が「自らの生き方を考え，将来に対する目的意識を持ち，自分の意思と責任で自分の進路を選択・決定する能力を身に付けることができるよう，指導・援助すること」である。一方で，キャリア教育とは，人が人生のなかで経験する役割や立場の重なりや移り変わりをキャリアととらえ，青年にふさわしいキャリアを形成し，社会的・職業的自立に向かえる能力を形成することを目的とする。どちらも生き方の指導という目的は同じだが，進路指導が中学校および高等学校（特別支援学校含む）に限られた教育活動であるのに対して，キャリア教育は一生涯にわたる活動である。キャリアは人の発達段階を追って発達すると考えられているため，幼児から中学生・高校生，そして大学生や成人にいたるまで対象としているところに違いがある。

2　青年期のキャリア発達

　アメリカの心理学者スーパー（1910-1994）は，キャリアの発達には段階があるとして，**表 5-3**のようなライフステージを提唱している。彼によれば，青年は，①成長段階（興味期〜能力期）に職業への関心を寄せ，自分の能力への自覚が高まるようになり，②探索段階（暫定期〜移行期）では，興味ある職業を絞り込み，仕事に就くための準備にいそしむようになるという。

第 5 章　● 発達（思春期〜青年期）を学ぶ　　59

表5-3　スーパーのキャリア発達の段階（若松養亮による）

発達段階		該当年齢	各時期の概要
成長	空想期	4〜10歳	欲求が支配的で，空想の中での役割実験が重要
	興味期	11〜12歳	「好き」ということが志望や活動の主な要因
	能力期	13〜14歳	能力に対する自覚が高まり，志望の要因に占めるそのウェイトが高まる
探索	暫定期	15〜17歳	雇用機会も含めてすべてのことが考慮され，暫定的な選択が空想，議論，教育課程，仕事などのなかで試みられる
	移行期	18〜21歳	実際の労働市場や専門的訓練に入るなかで，現実面がより大きく考慮されるようになり，事後概念の実現が試みられる
	試行期	22〜24歳	自分が適するであろうという分野を突き止め，その分野の入門的職務を発見し，それをライフワークにすることを試みる
確立	本格的試行期	25〜30歳	適すると思っていた仕事の分野に満足感を見出せず，1〜2回の転職の後にライフワークを見つけたり，あるいは互いに関連のない仕事の連続のなかに自分のライフワークに相当することを見出したりする
	安定期	31〜44歳	自分のキャリアがはっきりしてくると，その仕事の世界で安定して地位を確保しようとする努力がおこなわれる
維持		45〜65歳	仕事の世界で得られた地位を維持していくことが関心事。新たな分野の開拓は滅多になされず，確立された線に沿った維持が中心となる
下降	減速期	65〜70歳	衰退した能力に合わせて仕事のペースをゆるめたり，職務や仕事の性質が変えられたりする
	引退期	71歳〜	仕事を完全にやめる時期

　近年では，中学生の職場体験学習，大学生の企業インターンシップなど，はたらくことを体験する機会が提供されている。こうした体験は，青年の学ぶこととはたらくことのつながりを考える機会となっており，学習意欲の向上や職業興味の深まりに結びつき，将来の予想図を描くきっかけとなる。いろいろな可能性に挑戦し，成功だけでなく失敗や挫折を繰り返しながら，自らの責任を引き受け自己決定するプロセスにこそ意味があり，青年が自分らしく生きられることにつながるのだろう。

◆参考文献

小野善郎　思春期の謎めいた生態の理解と育ちの支援―心配ごと・困りごとから支援ニーズへの展開―親・大人にできること―　福村出版　2020

川瀬正裕・松本真理子・丹治光浩　これからを生きる心理学―「出会い」と「かかわり」のワークブック―　ナカニシヤ出版　2008

若松養亮・下村英雄（編）　詳解 大学生のキャリアガイダンス論―キャリア心理学に基づく理論と実践―（pp.3-12）　金子書房　2012

第**6**章

発達（成人期〜高齢期）を学ぶ

● 1 節　老化と生涯発達

　成人期全般は，キャリアが生活の中心となる。中年期は身体的変化を感じ始めることや，これまでの仕事のやり方や家族内での変化から，自分の生き方を再構築する時期となる。高齢期は自我を統合し，第二の人生を生きる時期である。

1　加齢と老化

　生まれてから死ぬまでの時間経過を加齢とよび，加齢に伴う生理機能の低下を老化という。老化は3つに分類される。一次的老化は，病気を含まない加齢による変化であり，生物学的に生じる必然的な身体的衰えである。二次的老化は，病気，習慣（食生活，喫煙，運動など），環境（紫外線，薬物，寒気，化学物質など）によって生じる老化であり，一次的老化を加速する要因となる。三次的老化は，終末低下ともよばれ，死と関係する要因が引き起こす変化である。

　発達は，さまざまな器官や機能の成熟と衰退が遺伝子上にプログラムされており，環境との相互作用のなかで変化をしていく過程を指す。発達に個人差があるように，老化の速度にも個人差があるが，老化は身体機能，感覚機能，運動機能において，形態上の老化と生理機能上の老化がつながりあって起こる。このため，老化のメカニズムはいくつかの説がある。

　プログラム説は，子どもの成長や第二次性徴の発現が遺伝子（DNA）に書き込まれているのと同様に，老化も遺伝子に書き込まれているという説である。加齢のどこかの時点で老化を引き起こす遺伝子が活性化する，老化を防ぐ遺伝子が活動を停止する，若さを保つ遺伝子が変化して老化を引き起こすなどの要

第6章　●　発達（成人期〜高齢期）を学ぶ　　61

因が考えられる。この説を支持する疾患が，年齢が若くても老化の症状が生じるプロゲリア（早老症）であり，遺伝子の異常が原因となって，幼児期から白髪や皮膚，関節，循環器等の老化が生じ，細胞も高齢者のものと類似した特徴をもつ。擦り切れ説では，環境から受ける外的ストレスによって身体に損傷が蓄積し，老化が生じるという説である。外的ストレスは喫煙，飲酒，大気汚染，食品添加物，紫外線，化学物質，疲労などがある。また，細胞内の損傷が蓄積する要因に関する説では，活性酸素のひとつであるフリー・ラディカルが他の化学物質と結合し，作り出された有害物質が細胞を破壊し再生機能を低下させ，老化にいたるというフリー・ラディカル説もある。このように，老化の原因は老化がある程度遺伝子にコントロールされており，環境から受ける外的ストレスやフリー・ラディカルによって変化を受けるためだと考えられる。

2　人は生涯にわたって発達し続ける

　発達の研究は，乳児期からの身体的成長や能力を獲得し，青年期や成人期で終わる伝統的発達モデルの発達観があったが，1970年代ごろから，受精から死にいたるまでの時間軸のなかで統一的に理解しようとする生涯発達心理学へと移行した。ドイツの心理学者バルテス（1939-2006）は，人の誕生から死にいたるまで，生涯をとおして行動や意識が変容し続ける生涯発達の概念を提唱した。これは，発達は成長と獲得という上昇的変化だけでなく，これまで獲得した構造や機能を徐々に喪失し，衰退していく下降的変化の過程も発達とする考え方である。

　とくに，バルテスは高齢期の自己制御方略に関する理論として，年齢とともにもっている能力が減少していくなかで適応力を保つために，他者からの助けを利用する補償（Compensation），目標を達成するための選択（Selection），自分のできることをしていく最適化（Optimization）という戦略をとる選択的最適化理論（SOC理論）を提唱した。補償は，その人の特定の弱点や制約を補うために，他のスキルやリソースを活用するプロセスである。杖を使う，誰かに車で送ってもらうなど，助けとなるものを利用することである。選択とは，目標を達成するために適切な方法や戦略を選ぶプロセスである。若いときよりも目標を下げるというように，自分の能力のキャパシティにあわせてできる範囲

内で行動を選択するという手段である。最適化とは，ある目標を達成するために自分にとって最適な方法をみつけることである。選んだ目標に対して，自分のもっている時間や身体能力といった資源を効率よく使うプロセスである。

　バルテスは，高齢者が身体機能の低下や障害をもつ状況で，目標を調整しながら，今ある身体的・認知的資源を使って適切な適応を促進する手段を考えた。これは，年を取ることで徐々に身体や能力が衰退し，今までできたことができなくなっても，もっている能力でできることをすることで，年齢にあった適応ができることを示している。選択的最適化理論は，高齢者がこれまでの経験を生かして仕事や生活をしていくことへの問いと，幸福に年齢を重ねていくサクセスフル・エイジングをめざす重要な鍵となる概念である。

● 2節　成人期から高齢期までの心理・社会的発達課題

　長寿社会におけるライフサイクルにおいて，アメリカの発達心理学者エリクソン（1902-1994）は生涯を8段階に分け，各発達段階で達成すべき心理・社会的発達課題を達成することで自我の統合をめざすと考えた。

　成人期前期の発達課題は「親密性 vs. 孤立」であり，そのキーワードは愛である。親密性は，意義ある犠牲や妥協を要求することもある具体的な関係のなかに自分を投入する能力であり，他者との親密な関係性を形成する能力である。他者との親密な関係は，相手が自分を受け入れてくれるのかが重要であり，具体的には特定の異性とのつながりをもつ，パートナーを得る，結婚する，地域社会での友好関係を築き上げていくことで，次の発達課題へ移行できる。これに対し，他者とかかわりや体験を拒否する，表面的なつきあいにとどまると，孤立してしまうことになる。

　成人期後期（中年期）の課題は「生殖性 vs. 停滞」である。生殖性とは「子どもを産む」という生物学的意味だけでなく，心理社会的な生殖性を含む。世代性がキーワードとなり，自分の後に続く世代や社会を育て，自分の生命を伝えることが重要となる。具体的には，自分の子どもを育てる，生物学的な親ではない養育（里親や施設など）をする，職場の部下や後輩の指導，地域を育成する，モノを生産する，文化を創造することも含まれるので，自分の子どもを

第6章　●　発達（成人期〜高齢期）を学ぶ　　　63

もたなかったとしても課題は達成できる。これに対し，育成する対象がない，育てることがうまくいかないと，関心が自分のなかに限定され，自己中心的なかかわり方から人間関係が停滞してしまう。

　高齢期の課題は「統合 vs. 絶望」で，キーワードは英知である。統合とは，身体的，精神的，社会的，スピリチュアル的に統合した自分自身を自覚し，これまでの人生を肯定的，積極的に受け入れることである。自分の生き方を一連の時間軸のなかでとらえ，過去，現在，未来への展望をもつことを時間的展望という。人生の統合のプロセスは，これまでの過去や生き方を振り返り，過去を意味づけて心のなかで整理していくことであり，今後のやりたいことや目標を見出すことによって，今ある第二の人生を楽しく受け入れることができる。これに対し，自分の過去を否定的にとらえ，自分の過去に向きあうことができないと，人生は巻き戻せないので絶望になる。絶望は，これからの未来を構想することができず，自分の存在価値がわからないことからうつ状態になったり，周囲に弱さや怒りというかたちで表現したりすることがある。過去を振り返ることは大変な作業であるが，過去を受容する努力を繰り返すことで，自我の統合と絶望との葛藤から心理的・社会的強さを得て英知を獲得していく。英知は，これまで生きてきた人生を振り返りながら，自分の生を肯定し，後世へつなげ，自分らしく安らかに人生を閉じることを意味するのである。

● 3 節　成人期におけるキャリア発達

　仕事は単なる労働ではなく，自己表現のひとつである。成人期のキャリア発達は，仕事をするだけでなく，さまざまな社会的役割を担い，ライフイベントを乗り越えていくことで心理的成長を遂げる。

1　キャリアは生涯を通じて発達する

　アメリカの心理学者スーパー（1910-1994）は，キャリア発達とはキャリアを通じて自分らしさを発揮するために，自己概念が変化していくプロセスであると考えた。自己概念は，「自己の身体や興味，価値観，能力についてどのように考えているか」という自分に関する知識やイメージである。スーパーは，

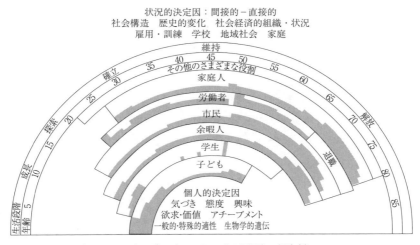

図6-1 ライフキャリアレインボー（スーパーによる原図を一部改変）

　キャリアは個人が経験するさまざまな社会的役割と状況によって構成されると考え，これを一生を通じて経験する共通の役割を示すライフキャリアレインボーで表した（図6-1）。図の外側は年齢であり，その年齢や段階で果たすべき社会的役割を図中に示した。社会的役割は，生まれてすぐその家の子どもの役割，学生の役割，趣味や余暇に時間を費やす余暇人の役割，選挙や税金，地域社会への奉仕活動を担う市民の役割，職業生活をおこなう労働者の役割，そして配偶者との結婚や生活によって家庭人の役割を担うことを示している。

　次に，ライフステージを成長段階，探索段階，確立段階，維持段階，解放段階の5段階に分け，そして各段階における課題に取り組むことにより精神的な成長を遂げる。15歳までの成長段階は，職業の志向性やはたらく意味の理解を発達させる過程である。15〜30歳ぐらいの探索段階は，職業の好みを特定し，試行する過程を繰り返すことで，暫定的な仕事の決定をおこなっていく。30歳前後から45歳前後までの確立段階では，「希望の仕事をする機会をみつける」「他者とのかかわり方を学ぶ」「職業的地位の安定を築く」ことが課題となり，選択した仕事に落ち着くための努力や，希望した仕事における地位の安定を図っていく。

　45歳以降の維持段階では，「自らの限界を受容すること」「はたらき続ける

第6章 ● 発達（成人期〜高齢期）を学ぶ　　65

上での問題点を明らかにすること」「獲得した地位や利益を保持すること」が課題となる。この時期は図中では人生の頂点にあり，さまざまな社会的役割が重なるため，人生でもっとも忙しい時期となる。人生の頂点にあることで，青年期のときには見えなかった反対側にある高齢期や死が見え，自らの限界を受容した上で，「自分はこれからどう生きるか」というアイデンティティの再構築が必要となる。65歳以降の解放段階では，「職業以外の役割をみつけること」「労働時間を減らすこと」など，仕事以外の役割をみつけることが課題となる。このように，各ステージの課題を乗り越えていくことによって，職業を通じて自己実現することが目標である。さらに，職場や家庭における役割にどの程度心理的に関与したか，主体的に役割を果したかということによって，成熟したパーソナリティの形成へとつながっていくのである。

2　人生を変える転機とその対処法

　人は，生涯を通じて，さまざまな出来事を経験する。アメリカの心理学者シュロスバーグ（1929-）は，就職，結婚，失業，退職などのライフイベントで，自分の役割や人間関係，日常生活，考え方を変えるような人生上の出来事をトランジション（転機，節目）とよんだ。トランジションは，就職，昇進，結婚，子どもの誕生など，自分で選択することができる「予期していた転機」，自分または家族の病気，身近な人が突然亡くなる，自然災害や事故に遭遇するなど，自分でコントロールできない「予期していなかった転機」，昇進しようと思っていたのに昇進できなかったなど，「期待していたことが起きなかった転機」の3つに分けられる。

　シュロスバーグは，人生上の転機は職業上のキャリア発達に影響し，予測できない突然のトランジションをいかに理解し対処していくのかが，成人期以降の発達に重要であると考えた。つまり，トランジションは発達段階と違い，入学や卒業のように共通して遭遇することはなく，結婚など予測できる転機であっても，その人なりのタイミングがある。このため，転機に直面して他者に相談しても自分の悩みに対して共感されないことも多く，「こうすればうまくいく」というマニュアルもないことから，ストレス対処も含めて考えることが重要である。シュロスバーグは，転機を乗り越えるための資源として，

Situation（状況），Self（自己），Support（周囲の援助），Strategies（戦略）の 4
つの S をあげ，日々自分の資源を点検し，転機が生じた場合はこの資源で対
処していくことが重要であると主張した。

(1) 状況　　何が転機を引き起こしたか，転機は一時的か長期的か，個人の役
割の変化を引き起こすものかなどの，転機に伴うストレスの程度のことである。

(2) 自己　　転機が生じた際の年齢，性別，社会・経済的地位，健康状態など
の個人的属性と，「自分はこれぐらいまで対処できる」という自己効力感，楽
観性，価値観，ストレス耐性などの心理的資源である。これは，年齢や性別，
経済的状況により転機への対処法が異なる。

(3) 周囲の援助　　転機を乗り越えるための援助者がいるのか（配偶者，上司，
組織，友人，同僚など），または転機を乗り越えるための好意や尊敬，愛情をど
れほど受けられるのかということである。

(4) 戦略　　転機を切り抜ける戦略を使っているか，ネガティブな発想からポ
ジティブな発想へ転換できるかなど，発想の転換やストレス対処の方法がうま
く使えているかということである。

● 4 節　中年期の身体的変化と心理的変化

　中年期の心身の変化は，自分の生き方を再構築する契機となる。中年期危機
の構造（図 6-2）では，身体的変化とともに，将来に対する時間的展望の狭ま
り，生産性における限界の認識，老いや死への不安などの心理的変化から自己
の有限性を自覚し始める。ここから青年期のアイデンティティとは異なる自己
を吟味し，方向性を模索しながら，価値観を修正していくことで，自己の安定
感や肯定感を獲得していく。この過程をアイデンティティの再体制化という。

1　生物学的変化

　中年期は，運動能力や体力，感覚，記憶などの低下によって身体的変化を感
じ始め，外見や各臓器の老化現象から疾病の兆候が出始める。加齢に伴い免疫
力や回復力が低下するため，生活習慣病や慢性疾患などを意識し始める。これ
に加えて 50 歳前後から，女性はエストロゲンの減少，男性はテストステロン

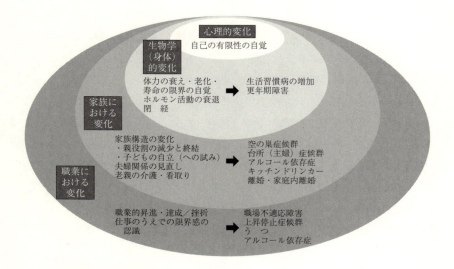

図 6-2　中年期の危機の構造（岡本祐子による）

の減少により，男女ともに更年期が始まる。更年期は，睡眠障害，関節痛，ほてりやのぼせなどの血管運動症状など身体的機能の低下だけでなく，うつ状態や疲労感，疲れやすさなどの心理的機能も低下する。男性には女性の閉経にあたる劇的なホルモン分泌量の変化がみられず，更年期がいつ始まって，いつまで続くのかが不明瞭なため放置してしまうことがある。「年のせいだろう」と身体症状を放置すると，はたらき盛りの男性のなかにはうつ状態や自殺につながるケースも多い。老化現象に伴う身体的変化を自覚し，自分の身体を管理することが大切である。

2　家族における変化

中年期は，子どもの自立による親役割の減少と終結，夫婦関係の見直し，親の介護などの家族における問題が生じやすい。親役割の減少に伴う問題として，子どもが成長し巣立つことに寂しさを感じる「空の巣症候群」がある。これは，内向的で人づきあいが苦手，家にいることを好み，子どもが生きがいと強く考える親がなりやすい。子育て以外の仕事や趣味など，社会的役割を得ていくことで解消されるので，さまざまな社会的役割をもつことが大切である。

家族の介護問題では「親の介護は子ども，あるいは家族がみるべき」という儒教思想も根強く残っており，その役割は主に家族内の妻が担ってきた。しかし，妻が共働きのため介護の時間がない，あるいは結婚しない独身男性や女性も多く，親の介護をするために仕事を辞める，非正規雇用になってこれまでと同じ仕事ができなくなる，経済的に苦しくなるといったキャリア上の問題が生じることがある。現在は，家族の介護を抱えている人が仕事と介護を両立できる社会の実現をめざして介護休業制度等の整備も推進されているので，企業や地域社会に相談することも大切である。

　また最近では，家族の考え方にも変化がある。従来までの家族は家計，教育，健康維持，生殖などの機能的役割があり，血縁＝家族という考え方が強かった。しかし，離婚・再婚，パートナーなど結婚形態の変化や，人工授精や体外受精など最新の科学技術によって，家族は血縁よりも心の結びつきを重視するファミリー・アイデンティティへと変わりつつある。ファミリー・アイデンティティとは，「自分にとっての家族は誰か」という主観的な意識が家族形成の要因となる考え方である。これは血のつながりのない親子や里親，再婚家庭，ペットも家族になれることを示しており，今後の家族のかたちが変化する要因となるであろう。

　性別や性役割に対する考え方も変化しつつある。男性・女性に適した思考パターンや規範，価値観を身につけ，社会に適応していくことを性役割という。従来までの「男は仕事，女は家庭」という性役割は，共働き家族の増加や男女平等の意識によって見直され始めている。性別には2つの考え方があり，それは遺伝子上の性別（xy：男性，xx：女性）と，文化的・社会的に構築された性差を意味するジェンダーである。子どもを産むのは xx 遺伝子をもつ女性にしかできないが，家事や育児，仕事，料理などの行動は男女どちらの性別でもできるというのがジェンダーの考え方である。ジェンダーの考え方は，職業選択や教育，キャリア，育児休暇などの社会的サポートに反映され，男女とも幅広い選択肢をもつことでより住みやすい社会へと変化していくであろう。

3　職業における変化

　中年期ははたらき盛りの時期であるが，仕事に多くの時間を費やしすぎるこ

とによる問題も生じる。

　たとえば，ワーカホリックは大半の時間を仕事に費やし，自分の健康や家庭などプライベートへの意識がおろそかになるはたらき方のことである。これは完璧主義で責任感が強い人に多く，仕事に没頭しすぎて身体的・精神的疾患を生じることがある。また，バーンアウト（燃え尽き症候群）は，それまで熱心に仕事に邁進していた人が，突然やる気を失ってしまうことであり，看護や介護，教育現場，サービス業，対人接客業など仕事の成果が目に見えないはたらき方の人に多い。このようなはたらき方をしないために，個人生活と仕事の調和という観点から，キャリアの方向性を考えていくワークライフ・バランスの考え方が重要である。企業では，男女ともに子育て支援や介護支援などを取り入れる取り組みも多く，自分でキャリアや生き方を考え，選択し，決定することで，自らの幸福とは何かを考えることにつながるのではないだろうか。

● 5 節　対象喪失と死の受容

　中年期から高齢期は，病気や事故などで身体の一部を喪失する対象喪失，大切な人が亡くなる死別，そして死の受容が大きなテーマとなる。

1　長くなった高齢期をどう生きるか

　私たちの時代は平均寿命も長くなり，健康や自立が維持された状態である健康寿命も長くなった。高齢期の生き方を考えるとき，どのように年を重ねることが幸せであり，理想的であろうか。

　サクセスフル・エイジングは，「年を取ってもできることをやっていく」という適応に焦点をあてたものである。サクセスフル・エイジングである3つの状態は，疾病の予防，認知機能と身体機能の維持，社会参加や貢献であり，この中心的な指標は主観的幸福感である。主観的幸福感は，楽しい感情や高い生活満足感などの感情状態だけでなく，家族や仕事などの領域に対する満足や，人生全般に満足がある状態である。幸せだと感じる出来事は人によって違うが，一般的に幸福感を感じる要因は欲求や目標を満たすことや，自分の好きな活動へのかかわりであろう。幸福感は他者との比較ではないため，人生のどこかの

時点で「自分にとって幸福感を感じるものは何か」を確認しておくと，その後の人生でも幸福感を感じやすい。

一方，高齢者の役割に焦点をあてたのが，アメリカの老年学者バトラー（1927-2010）のプロダクティブ・エイジングである。これは，高齢者においても社会的な活動性や生産性をできるだけ維持し，長く生きた知恵や経験を社会に生かすという考え方である。プロダクティブ活動は，有給で仕事をする有償労働，家事などの無償活動，ボランティア活動，老人クラブなどの相互扶助活動など，就業から身の周りの生活活動も含んでおり，定年後の人生が長い現代において，高齢者の就労や社会参加を促し，生きがいや心身の健康につながることを期待する考え方である。高齢期を衰退するだけのネガティブな時期ととらえるか，社会のなかでやりたかったことを実行する憧れのライフステージになるかは，これまでの発達課題をいかに乗り越え，老化をどのように考えるか次第となる。

2　大切な人や物を失う対象喪失と死別

私たちは，生きている間に，自分のお気に入りの人や物との別れの経験を繰り返す。愛着の対象や依存の対象を失う体験を，対象喪失という。たとえば，失恋，転勤，離婚，死別，親離れ・子離れ，大切な所有物の喪失，身体喪失（中途障害），アイデンティティの喪失，ペットロスなどがあげられる。

病気や事故で身体の一部を失う中途障害は，発生時の年齢が40歳以上の中高年層がもっとも多い。身体障害の発生から障害受容にいたるまでの心理過程には，①ショック，②回復への期待，③悲嘆，④防衛，⑤適応の5つの段階（コーンの分類）があるが，すべての障害者が同じ過程をたどるとは限らず，皆が適応できるとは限らない。

大切な人との別れである死別も対象喪失となる。喪失に対する反応は悲嘆といい，喪失後の時間経過に伴い変化する心理過程を悲哀という。イギリスの精神科医ボウルビィ（1907-1990）は悲嘆のプロセスとして，①無感覚，②思慕，③混乱と絶望，④再建の4段階をあげた。死別を体験するとさまざまな悲嘆の反応がある。たとえば，知覚反応では悲しみや無気力，孤独感，自責感などの情動反応，故人が見えるなどがある。身体的反応では，眠れない，食欲がない，

第6章 ● 発達（成人期〜高齢期）を学ぶ　　71

故人の症状に類似した症状（心臓発作の場合は動悸など）などがある。また，故人との思い出の場所に出かけるなど故人を探し求める探索行動も，人が亡くなったときに生じる通常の反応であり，故人をしのぶ重要なプロセスである。

悲嘆は時間の経過に伴い，喪の作業へと移行する。オーストリアの精神科医フロイト（1856-1939）は，愛着や依存の対象を失う一連の心理的過程を喪の作業とよんだ。故人に対する思慕の感覚には，愛情だけでなく憎しみや後悔などの感情も含んだアンビバレンス（両価的感情）もあり，喪の作業はアンビバレンスを乗り越える作業でもある。大切な人が亡くなったときは，喪失の事実を受容する，悲嘆の苦痛に向きあう，故人がいない環境に適応する，故人を情緒的に再配置し生活を続けることが課題となる。しかし，これらのプロセスは人によって受け止め方が異なり，要する時間も異なるため，自分なりの喪の作業をおこない，時間をかけて受け止めていくことが大切である。

3　死の受容と幸福感

アメリカの精神科医キューブラー＝ロス（1926-2004）は，精神科医として死にいたる人間の心の動きを研究し，死を予告された人が死を受容するための5段階の心理プロセスを示した（図6-3）。第1段階の「否認」は，自分の命が危機にあり，余命があとわずかである事実に衝撃を受け，それを頭では理解しようとするが，「何かの間違いだ」と感情的にその事実を否認（逃避）している状態である。第2段階の「怒り」は，自分が死ぬという事実は認識できても，「なぜ自分が死ぬのか」という怒りが生じ，家族や医療関係者に怒りをぶつけることがある。第3段階の「取引」は，信仰心に関係なく，神や仏に対して「もしこの病気が治ったら～」という取引をおこなう段階である。第4段階の「抑うつ」は，神や仏に祈っても死の回避ができないことを悟って，絶望感や，憂うつな気分になる状態である。第5段階の「受容」は生命がなくなることは自然なことだという気持ちになり，自分の人生の終わりを静かにみつめることができるようになる。すべての人がこの5段階を順序どおりたどるとは限らず，受容から否認へ移行する場合もあるし，途中で亡くなってしまうこともある。そして，これらすべての段階をとおして，患者は「治るかもしれない」という希望をもち続けることを強調している。

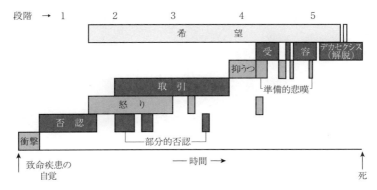

図 6-3 死にゆく過程のチャート（キューブラー＝ロスによる）

　私たちは，日々身体的に老いていく。しかし，発達課題によって心理的に成熟することで「年を取ることはひとつの達成であり，自負に値する」という質的変化に着目できるようになることが重要である。どの発達段階でも課題を乗り越えるプロセスにおいて，自分が感じる幸福感とは何かを見出し，自分なりの生活の質（クオリティ・オブ・ライフ）を探していくことができれば，むやみに死を恐れず，最期のときにこれでよかったと思うのではないだろうか。

◆参考文献

岡本祐子　成人期：中年期の危機　下山晴彦・丹野義彦（編）　講座 臨床心理学 5　発達臨床心理学　東京大学出版会　2001

E・キューブラー・ロス　川口正吉（訳）　死ぬ瞬間―死にゆく人々との対話―　読売新聞社　1971

渡辺三枝子（編著）　新版キャリアの心理学―キャリア支援への発達的アプローチ―　ナカニシヤ出版　2007

第7章 学習の理論を学ぶ

● 1 節　S-R 説：刺激と反応が結びつく

1　レスポンデント条件づけ

　学習とは刺激（Stimulus）と反応（Response）の結びつき（連合）であると考えるのがS-R説（学習の連合説）である。唾液酵素の研究をしていたソビエト連邦（当時）の生理学者パヴロフ（1849-1936）は，実験が始まる前から唾液を分泌している犬を見て，心理学の歴史を変える画期的なアイデアを思いついた。

パヴロフ

(1) 概要　　実験に何回か参加したこの犬は，また肉が出てくると期待してよだれが出た。これを4つの変数に置き換えると，肉（無条件刺激）は自然に唾液分泌（無条件反応）を促すが，肉の出現を何度も予告してきた実験室の様子や匂い（条件刺激）が肉の登場前に唾液分泌（条件反応）を促したということになる（図7-1）。パヴロフは条件刺激をよりシンプルなベルの音に置き換えて実験を繰り返した。

　始まった途端眠くなる授業とそうでない授業，朝起きて行きたくなくなる学校と休みたくなる学校などのイメージも同様である。必要なのは，好ましい無条件反応を引き起こす無条件刺激や条件刺激かもしれない。ちょっとした競争，ゲーム性，意外性，常識の否定，未解決の謎，不思議な出来事などが授業に楽しいイメージを条件づけてくれるのである。

(2) 般化　　ベルの音色が少しぐらい違っても，この犬は唾液を分泌する。つまり条件刺激は類似する他の刺激に広まっていくが，これを般化という。これ

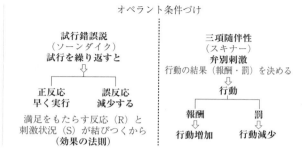

図 7-1 条件づけ学習

は大変重要な点である。先生や友だち，学校生活という条件刺激が楽しければ，これが般化して勉強という条件刺激も楽しくなる可能性がある。

(3) 消去　ところで，ベルが鳴っても肉が延々と出てこなければ，この犬の唾液は出なくなり条件反応は「消去」される。英語やパソコンなどに苦手意識をもつ人は，条件づけられたネガティブな反応が消去されていない。苦手意識（条件反応）をもつと，劣等感や羞恥心，無力感や嫌悪感，自信喪失をもたらした対象（条件刺激）から遠ざかってしまうのである。しかし，条件刺激（ベルの音）に無条件刺激（肉）が伴わない経験を続けてはじめて消去が成立する。したがって英語やパソコンに接しても，「劣等感や無力感はもう感じない」という克服を経なければ，苦手意識や恐怖反応は消去されない。同様に，短気で怒りっぽい先生が，たまには児童生徒を褒めてやりたいと思ってもそれは難しい。児童生徒たちが抱く「その先生への条件づけられた苦手意識」は消去されにくく，その先生を常に遠ざけようとするからである。

2　オペラント条件づけ

　オペラント条件づけも S-R 説に属する代表的な学習過程であり，以下にその代表的な 2 つの説を紹介する。

(1) 試行錯誤説　アメリカの心理学者ソーンダイク（1874-1949）は，試行錯誤するうちに無駄な反応は消え，適切な行動が学習されると主張した（試行錯誤説）。なぜなら，満足のいく効果をもたらす「刺激と反応の連合」がより強められるからである（効果の法則）。勉強や部活動においても，改善のためのさ

まざまな方法をヒントとして与えて様子を見守れば，児童生徒の自発的な試行錯誤を促すかもしれない。その過程で生まれた小さな改善を意味のある効果として先生が褒めれば，自ら試行錯誤する問題解決的態度を醸成するであろう。

(2) 三項随伴性　　アメリカの心理学者スキナー（1904-1990）は，学習とは報酬（強化子，好子）をもたらす行動は増加し，罰（弱化子，嫌子）をもたらす行動は減少することであると定義した。ただし，同じ行動でも状況によってその結果が報酬から罰に変わることがある。行動の結果を左右する先行状況を弁別刺激とよんだ（弁別＝区別）。こうしてスキナーは，①弁別刺激，②行動，③結果（報酬と罰）を学習や行動の根本要素と考えた（三項随伴性）。以上の概略を図 7-1 にまとめた。

　アメリカの心理学者ワトソン（1878-1958）は，レスポンデント条件づけやオペラント条件づけのような，刺激と反応の客観的な関係として行動をとらえる心理学を行動主義心理学と名づけ，観察不可能な意識を扱う伝統的心理学を否定した。

(3) 心理的報酬　　教師のある種の反応は，児童生徒にとって心理的報酬になるかもしれない。たとえば，注目する（何読んでるの？），感心する（よく知ってるな），喜ぶ（ホントよかったな），共感する（それ結構大変だったろ！），驚く（これ全部自分でやったのか！），感謝する（授業盛り上げてくれてありがとう），褒める（頑張ったな），などである。

　児童生徒の好ましい行動に対して，教師からこのような反応が示されると，その行動は強化され，より繰り返されるかもしれない。テストでよい点を取ったので先生が喜んだり，他の授業で習ったことを先生が興味深く聞いてくれれば（先生に教えている気分に浸れるので），それらは報酬となる。命令されると人は心理的リアクタンス（抵抗感）を感じて不愉快になるので，喜ぶ，褒める，注目するなどをとおして，自然に勉強するようにさせたほうが効果的かもしれない。

　勉強以外の向社会的行動に対しても心理的報酬は有効である。クラスのために尽力する，仲間のトラブルを解決するなどの行動に対して上述のような声かけをすることは，クラスのよい雰囲気を促してくれるかもしれない。

(4) 勉強と金銭的報酬　　それでは「100 点の答案用紙を 1 万円で買うよ」というのは不謹慎だろうか？　勉強嫌いな子どもに対しては有効かもしれない。

よい大学に入り安定した企業に就職するという報酬が勉強の目的のひとつであるなら，勉強に対する金銭的対価が不謹慎であるとは言い切れない。しかも，最初は金銭目当てであっても，それが達成感や旺盛な競争心，高い自尊心，さらには勉強の楽しさや成長に伴う充実感を得るほどの精神的成熟に結びつかないとも限らないのである。

(5) 弁別刺激の理解　その場にふさわしい振る舞いや服装，発言や冗談などは，いずれも弁別刺激である。共感や同調行動が苦手な児童生徒は意思疎通に必要なその場の空気（弁別刺激）を読み取る練習が必要かもしれない。

3　観察学習

他人の行動を観察することで，オペラント条件づけ学習が生じる機会も多い。

(1) 概要　カナダの心理学者バンデューラ（1925-2021）は，他人が報酬を獲得した行動を観察して模倣したり，反対に罰を受けたり，受けそうな行動を見て慎重に回避することを観察学習と名づけた。

バンデューラ

(2) 報酬を観察させる　児童生徒に対する教師の接し方は，周りの児童生徒に観察され，教師や社会が自分たちに何を求めているのか観察学習する。「前回より8点上がったね」という声かけは，評価のニュアンスを含んでいるばかりか，「いつも見ているぞ」というメッセージにもなる。さらに，「この先生は細かいところまで見てくれている」という印象を他の児童生徒に与える。したがって，こうしたやりとりは他の児童生徒が観察できる状況ですべきかもしれない。ただし教師との強い結びつきが，仲間からの評価を下げるという態度が懸念される場合は，他の児童生徒が観察していないところで声かけしたほうがよいかもしれない。

4　技能学習

自転車の乗り方や楽器の演奏など，運動技能一般が熟達する過程を技能学習という。知覚された「刺激」に応じて適切な動きで「反応」する知覚運動協応は，技能学習の根幹である。

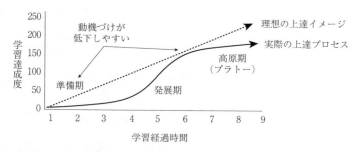

図 7-2　一般的な学習曲線（S字型学習曲線）
学習（練習）内容と学習者により曲線の様相は変化する。

（1）準備期の伸び悩み　運動部や吹奏楽部などで，練習しても上達しないことを悩む児童生徒は少なくない。指導者としてまずアドバイスすべきは，「上達しなくてあたりまえ」という事実である。図7-2の学習曲線を見てほしい。練習量に比例して技術レベルも順調に上達するというのが一般的なイメージだが，実際は練習の初期段階（準備期）においてはあまり上達しないことが多い。悩んでいる児童生徒には，これが普通であるということを教えるべきである。焦らず練習を続ければ急に成果が現れる時期（発展期）が必ずやってくると言って励ますとよい。それにしても自分だけ上達が遅いと悩んでいる児童生徒に対しては，プロでもかつて不器用だった人もいるから，自分のペースで練習を継続しよう，などとアドバイスするのがよいかもしれない。

（2）高原期の伸び悩み　やっと発展期が訪れて少し上達したのに，高原期（プラトー）に入ると練習してもまったく上達しない状態が続く。しかしこれについても学習曲線を示して，高原期が科学的にも証明されていること，これは避けられない停滞期であることを伝えるべきである。

（3）短期数値目標　しかし，つらい練習を続けても一向に上達しなければ，モチベーションは一気に下がる。高原期を乗り切るためには，第一に，比較的短期の目標を数値で設定することである。苦手なバックハンドを克服するとか，サーブが上手くなりたいとかというあいまいな目標よりも，3ポイントシュート成功率を30％から40％に上げるなどといった，比較的短期で達成できそうな具体的数値目標を設定すべきである。経営学でも重要業績評価指標（KPI）は必ず数値で設定される。達成の成否が明快だからである。このようにして，

たとえわずかでも成功体験を重ね達成感を味わうことができれば、モチベーションの低下を回避できるかもしれない。

(4) エンターテイメント性　第二の方法は、単調でつらい練習に、ゲーム性を積極的に取り入れることである。試合で負けたほうが後片づけをする、もっともポイントを決めた選手が翌週キャプテンを1週間勤め、さまざまな決定権が付与されるなど、部員同士でアイデアを出しあってもよい。これでつらさが半減し、気がつくと高原期を脱していたとなれば理想的といえる。この学習曲線は、技能学習だけでなく勉強を含めた学習一般にあてはまると考えてよいだろう。

● 2節　S-S説：刺激が「ある意味をもつ記号」になる

1　S-S説とは

S-S説（Sign-Significance説、学習の認知説）では、刺激を「意味（Significance）をもった記号（Sign）」として理解（認知）するようになることを学習と定義する。ところで、S-R説は、刺激（ベルの音などの単純な物理刺激）が、反復経験に伴い、ある反応と徐々に結びつくと考えた。一方、S-S説では、刺激（ベルの音など）を、別の刺激（餌など）の出現を意味する記号（餌が来るぞという"意味"を伴う刺激）と解釈し、そうした知識が突然理解されると考える。つまりS-S説は、ある刺激が別の刺激を予測できるようになることを学習と考えるのであり、潜在学習や洞察学習などが含まれる。

2　潜在学習

アメリカの心理学者トールマン（1886-1959）はネズミの迷路学習実験で、ゴールに餌を置かないと学習が進まないのに、途中からゴールに餌を置くとすぐに学習することを発見した。報酬を与えたことで、潜在的な学習成果が急激に顕在化したと考えられる。

トールマン

(1) 概要　意識せずに知識や経験を獲得することを潜在学習といい、その成果は突然現れることがある。トールマンの実験でネズミはゴールに餌がなくても、迷路内の認知地図（心の地

図）を学習していたことになる。これは，報酬がないと学習が成立しないというS-R説（オペラント条件づけ）では説明できない現象である。

(2) 努力しない勉強　より少ない努力で，日常的に知識やスキルを習得するには潜在学習が有効かもしれない。気軽に楽しみながら特定の知識に触れられる情報源（学問系の漫画，教育系のYouTube動画，国際政治や各種業界の裏側を暴く書籍やインターネット情報など）であれば勉強が苦手な人でも接しやすい。潜在学習は意識的な学習と比べて即効性が期待できないが，長期記憶に定着しやすいといわれている。こうして身につけた関連情報は，その後の"意識的な学習"でも記憶の定着を促すと考えられる（p.84, 4節 2-(2) 参照）。

3　洞察学習

ユーレカ！　王様から与えられた難問が解けなくて悩んでいたアルキメデスが，気分転換に入ったお風呂のお湯が湯船から溢れ出すの見て，アイデアが突然ひらめいて，こう叫んだといわれる。これが洞察学習である。

ケーラー

(1) 概要　ドイツの心理学者ケーラー（1887-1967）がおこなった実験では，チンパンジーが高所に吊り下げられたバナナを，箱を積み重ね，上に登り，棒を使い入手する場面が観察された。ケーラーは，問題を構成する各要素（高所のバナナ，複数の箱，棒）の関係が洞察により統合されて，突然問題が解決されることを洞察学習と名づけた。

(2) 洞察を生む方略　洞察学習には，過去の経験や知識の蓄積，問題への集中力などが要求されるが，散歩したりシャワーを浴びたりするなど，問題から意識的に離れて，無意識レベルで情報処理する状況（インキュベーション）を作ることが大切である。また，新しい何かを生み出すための発想法としてはオズボーンのチェックリストがよく用いられている（**表7-1**）。

●3節　学習の方略：みんなでするか，ひとりでするか？

1　自己調整学習

文部科学省は，教育指導要領において「主体的に学習に取り組む態度」を評

表 7-1 発想法（オズボーンによる 9 つのチェックリストと SCAMPER 法，筆者一部改変）

①変更	②利用	③増減	④配列
A. 変更	A. 転用	A. 増加・減少	A. 再配列
その属性を変更する 透明ミルクティー （色を変更）	それを転用して何か作る ワークマンがカジュアル ブランド展開	それを増やす・減らす 一日入場券 ⇒ 年間パスポート 高齢者用機能限定携帯	それらを配列し直す コンビニのレジを奥から 手前に移動で犯罪率低下
B. 代用	B. 応用	B. 結合・削除	B. 逆転
一部を他の物に 置き換える バンズを米にした ライスバーガー	他の何かを応用して 改良する イタリアンで立ち食い スタイルを応用	それを付加・除去する 珈琲と本屋を組合せた スタバ，レジを廃止した Amazon Go	それらを逆にする 昼に行く動物園から 夜に行くナイトサファリ

（注）アイデアの特性（色形，音，匂い，動き，材質），意味（機能，目的），文脈（使用者，使用場所
や時間）などに表内の加工を加えて，新しいアイデアを発想する。

価するよう求めている。そこで注目される学習法が自己調整学習である。

(1) 概要　　これは，自ら目標を設定して，進捗状況を観測しながら学習の内容と方法を選択，調整していく学習方法と定義される。自己調整学習は主に，動機づけ（持続的に取り組むため），学習方略（自分にあった方法を選択と工夫するため），メタ認知（自分自身を客観視して学習行動を改善するため）の 3 つの観点から研究されている。学習者が自発的に学習する「動機」と，それを持続させる「意欲」をいかに高めるかという点が最大の課題である。

(2) ARCS モデル　　この欠点を補う方法として注目されている理論が，アメリカの教育工学者ケラー（1938-）が提唱した，学習意欲を高める 4 つの視点で構成される ARCS（アークス）モデルである（**表 7-2**）。学習者が授業内容を，①面白そうだ（注意），②価値がありそうだ（関連性），③自分にもできそうだ（自信），④やってよかった（満足感）と感じられるように注意深く設計すれば，より自発的で持続的な学習態度を維持できる。このモデルでは，集団でおこなう普通の授業の参画意欲を高める方略としても注目されている。

2　協同学習

自己調整学習は，指導者の多少の介入はあっても基本的にひとりでおこなうが，誰かと一緒に学習してもある種の効果が期待できる。授業内でおこなう協同学習（グループ学習）としては，バズ学習（数人で 10 分程度ワイワイ討議して

表7-2　ARCS（アークス）モデル〔鈴木克明・美馬のゆり（編著）による，筆者一部改変〕
学習意欲を促す4つの反応と，それを引き出す工夫．

注意 Attention 面白そうだ	見たい 知覚的喚起	興味深い視聴覚刺激や動画，眠気防止対策
	知りたい 探究心喚起	疑問喚起⇐矛盾，未知，不思議な現象提示 驚かせる⇐意外性，新事実提示
	飽きない 変化性	複数の学習形式用意，メリハリのある授業展開
関連性 Relevance やる価値が ありそうだ	やりたい 目的志向性	役立つイメージ例示⇒議論，就活，実務で有利 目標の自己決定を促す⇒複数の目標提示
	自分にあっている 動機との一致	学習の形式の最適化⇒演習，速さ，人数，討論 学習の趣向の最適化⇒漫画，厳密性，楽しさ
	身についている 親和性	学習内容を自分の関心事や考え方と関連させる 学習内容を自分のことばや立場で言い換えさせる
自信 Confidence やれば できそうだ	すべきことがわかる 学習要求	学習目標の明確化・数値化，弱点の明確化
	頻繁な達成感 成功の機会	複数の比較基準⇒他者，過去成績，他科目成績 目標設定の工夫⇒低難度から頻繁な中間目標
	自分でやった 自己制御	学習内容や形式の自己決定，自己評価の機会付与
満足感 Satisfaction よかった またやりたい	役に立つ 自然な結果	学習成果を生かす課題付与⇒営業企画，社会問題解決策 学習成果を生かす機会提供⇒プロジェクト，討論会参加
	評価とビジョン 肯定的な結果	高い成績評価，周囲からの言語的評価 今後の目標・課題設定に対する適切なアドバイス
	一貫した評価基準 公平さ	評価基準が変わらない⇒一貫性のある評価 すべての学習者に対する⇒公平な評価基準

意見をまとめる），ブレインストーミング（互いに論評を控えながら自由に多量の
アイデアを出しあう），ジグソー学習（分割された課題を各成員に与え，共同作業
や他者に教えることで理解を深める）などが知られている。

　協同学習では，参加意欲が低いメンバーへの対応が最大の鍵となる。発言を
促す工夫（順番に発言，発言を記録，それを教員が点数化など），活動を促す工夫
（進捗状況の可視化と周知，メンバー同士の頻繁なフィードバック，協力しないと課
題ができない役割分担など）が肝心である。同じ作業をする他者が近くにいるこ
とでパフォーマンスが高くなる社会的促進の効果も期待できる。

●4節　記憶の方略：学習内容を長期記憶に定着させるには？

1　記憶のしくみ

（1）記憶の二重貯蔵モデル　感覚器官に入力された外界からの情報は，その
ままの状態で「感覚記憶」に数秒程度保持される。そのなかから注意を受けて

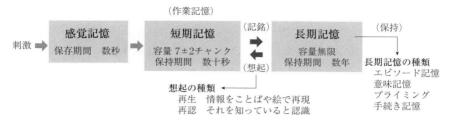

図 7-3　二重（多重）記憶モデル

　知覚された情報が「短期記憶」に送られ数十秒程度保持される。ここで反復的に思考（リハーサル）された情報は「長期記憶」に転送され（記銘・符号化），そこで数カ月から数年間蓄えられる（保持・貯蔵）。長期記憶の内容は必要に応じて再び短期記憶に転送されることで思い出されて（想起・検索），私たちの思考が意識される。つまり短期記憶は情報の一時的貯蔵だけでなく，想起された情報を処理して思考や意思決定も担うので，作業記憶（ワーキングメモリ）ともよばれる（図 7-3）。

(2) 長期記憶の種類　大きく分けると，言語やイメージで想起できて内容を陳述できる陳述記憶（宣言的記憶）と，言語によって説明できない非陳述記憶（非宣言的記憶）の 2 種類である。前者は想起過程が意識されるので顕在記憶，後者は意識できないので潜在記憶ともよばれる。

　陳述記憶は，さらにエピソード記憶（個人が経験した出来事に時空間的情報や感情が伴う記憶）と意味記憶（特定の文脈を伴わない一般事実や概念の記憶）に分類される。非陳述記憶は，レスポンデント条件づけ（ある刺激に対して条件づけられた反応）や，手続き記憶（技能学習の結果，習得された技能や段取り）や，プライミング（記憶）などに分けられる。

(3) プライミング　知らぬ間にインプットされて，行動や思考が影響を受けてしまう意識されない記憶である。老人に関係する単語を聞いただけで歩行速度が落ちたり，教授になった自分を想像しただけで課題の成績が高くなったりする。これは非常に示唆的な事実である。入学試験に児童生徒を送り出す朝に，どんなことばをかけるかで合否が決まるかもしれないのである。

(4) 2 つの想起過程　何かを思い出す仕方はひとつではない。「再生」では過去経験がことばや絵で再現される（レスポンデント条件づけっていうのは○○

第 7 章　● 学習の理論を学ぶ

のことだったな……）。「再認」では過去経験を知っていると認識する（このレスポンデント条件づけは授業でやったな……）。試験の穴埋め問題や記述問題は，回答時に再生が用いられ，選択問題では主に再認が用いられる。

2　記憶の方略

（1）処理水準説　対象の意味（起源，具体例，背景など）を深く理解するほど思い出せる。抽象的な物理学の公式なら，それが意味する具体的な現象も理解し，歴史上の人物の政治的判断なら，そのときの心理的状況を想像してみる。その情報は既存の神経ネットワークに絡みついて忘れにくくなるはずである。

（2）精緻化　関連する情報が多いほど思い出せる（精緻化リハーサル）。これは処理水準説の「深く理解する」ということの具体的な再定義である。類語や画像，例文と一緒に英単語を覚えるとか，語呂合わせや場所法という記憶術もこれに含まれる。面倒なひと手間を要するが，単なる反復学習だけ（維持リハーサル）では，試験終了後に急速に忘却されるだろう。

（3）生成効果　自分で考え出したほうが思い出せる。教師が一方的に説明するより，多少でも考えさせて児童生徒に答えさせてみよう。英単語の意味が思い出せないときに，すぐ正解を見るより，用意しておいたヒントで正解を考えることもできる。英語で発言したり，英作文したりする過程でも，英単語を自分で考え出すから，いずれも生成効果で記憶が定着すると考えられる。

（4）チャンク　作業記憶（短期記憶）の容量は7±2個程度といわれる。記憶される個々の対象（1文字，1単語，数値など）はチャンクとよばれ，7個前後のチャンクが作業記憶内で同時処理できる（7個という値は，チャンクがよく知られた概念の場合である）。これより多くの物事も7個程度のチャンクにグルーピングできれば効果的に記憶できる。これはメモリーツリー（図7-4）という記憶術に応用されているが，これを作る時間がなければ，教科書の各段落の要点をまとめた単語をチャンクとして余白に書き込むだけでもよい。

（5）想起の反復　「書いて覚える」という勉強が非効率的であることはデータで示されている。記憶にとって重要なのは「覚えるより思い出すこと」であり，想起の積極的な反復（アクティブ・リコール）が神経ネットワークの結びつきを強化する。教科書を1ページ読んだら，目をつむって思い出すとよい。

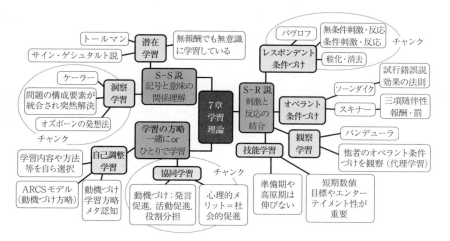

図 7-4　メモリーツリー（マインドマップ）
本章の一部から筆者作成。枝の集まりがチャンクを形成し、その枝数がワーキングメモリの容量に収まれば、想起しながら効果的に思考できる。上や右下といった位置情報、独自の着色やイラストの挿入も効果的な想起の手がかりとなる。

歩きながらでも、シャワーを浴びながらでも、思い出す機会はたくさんある。ただし英単語のスペルなどは手続き記憶なので、書く練習が記憶を定着させるし、また、見ながら書き写してもなかなか覚えないが、思い出しながら書くなら記憶が促される。

（6）他者に教える　これは、アメリカ国立訓練研究所が発表したもっとも学習定着率が高い方法である。教える過程で、学習内容が反復的に想起され記憶が定着する。自ら考え出して自分のことばで説明すれば生成効果も期待できる。本を読んで再認して理解したつもりでも、人に教える段になって再生できずに不理解に気づくことがあるが、これで記憶の曖昧な箇所も把握できるであろう。

◆参考文献

池谷裕二　進化しすぎた脳―中高生と語る「大脳生理学」の最前線―　講談社（ブルーバックス）　2007

鈴木克明・美馬のゆり（編著）　学習設計マニュアル―「おとな」になるためのインストラクショナルデザイン―　北大路書房　2018

第 **8** 章 / 効果的な学習指導を学ぶ

● 1 節　動機づけ

1　欲求・動機・動機づけ

(1) 動機と動機づけ　　動機とは,「人をある行動へ駆り立てる内的な力」の
ことをいう。たとえば,運動の試合で大きな大会に出場するために,地域の大
会でトーナメントを勝ち上がることを目標に黙々と練習を続けていたとしよう。
この場合には,「無事に試合で勝利したい」という動機が生まれている。「無事
に試合で勝利したい」という動機が練習をするという行動へと駆り立てるので
ある。また,動機づけとは「一定の方向に向けて目標に向かって行動を開始し
て,それを持続させる一連のプロセス」のことをいう。先ほどの例では,「試
合での勝利をめざして,スポーツの練習を始め,熱心に練習を続けている」と
いう動機づけがあり,練習という行動をとっている。

　つまり,動機づけの大きな特徴は,目標に向かって開始された行動が「持続
される」ことである。ここでは,「試合での勝利をめざして」が一定の方向に
向けての目標であって,「スポーツの練習を始め」が目標に向かっての行動開
始であり,さらには,「熱心に練習を続けている」が行動を持続させることを
指すため,動機づけ(意欲)があるといえるのである。しかし,運動を始めた
としても,すぐにやめてしまう場合には,動機づけ(意欲)があるとはいえな
いのである。目標に向かう行動を持続させるためには,明確な目標があり,そ
の目標が重要であると考えることが大切である。

　動機づけには,社会的行動にかかわる動機づけと生理的行動にかかわる動機
づけがある。先に述べた動機づけは,学習,運動や仕事といった社会的行動に

かかわる動機づけである。一方で，喉の渇き，空腹を満たすことや眠気を解消するなどの生理的行動にかかわる動機づけについては，動機が動因，目標が誘因と置き換えて考えると理解しやすい。

　動因とは，生理的な不均衡な状態のことをいう。それは，空腹や喉の渇き，眠気などを指す。また，誘因とは食べ物や飲み物，睡眠などの動因を解消する環境内の刺激のことをいう。たとえば，「お腹が空いたので，食事の時間を確保し，食べ物を摂取する」ことは，動因が空腹で誘因が食事をとることと説明ができる。

（2）欲求と動機づけ　　人間には欲求が存在し，その欲求は，動機づけにつながっている。つまり，欲求は，人間が行動する根源的な内的エネルギーといえる。そして，動機づけのプロセスで重要な心のはたらきをする。欲求は動機とは異なり，一定の方向に向かう明確な目標がほとんどないといってよいだろう。言い換えれば，欲求は，漠然とした「こうしたい」という気持ちをいう。たとえば，「親に認められたい」という承認の欲求は，漠然とした気持ちであり，両親に対して，何をどのように認められたいのかという明確な目標があるわけではない。子どもが両親から何を期待されているのかという場合，親から「自立できている」と思われたいという動機が生起して，その目標の達成に向け，ひとりで物事に取り組んでみるなどの具体的な行動が引き起こされるのである。

　したがって，欲求は動機づけの源泉といってよいであろう。動機づけを考える際に，欲求や動機との関連を含めて理解しながら，子育てや教育に携わることが重要であるといえる。

2　動機づけの種類

（1）外発的動機づけ　　親から「勉強しなさい」と叱られて勉強をする，よい成績がとれたら褒美として小遣いがもらえるなどといった経験をしたことがないだろうか。これらは，他者からの罰や褒美など自分の外側からのはたらきかけによって，開始された行動である。つまり，自分の外側からのはたらきかけによる動機づけである。このような動機づけを外発的動機づけという。

　私たちが生活していくなかで，自分がやりたいと思わなくても，やらなければならいことはたくさん存在する。子どもが片づけをせずに過ごしていると，

第8章　●　効果的な学習指導を学ぶ　　87

片づけるように親から叱られる。叱るという罰を与えることになるが，子ども
は罰を不快に感じ，罰をやめてほしいので，片づけという行動を起こすのであ
る。反対に，褒められて褒美がもらえると，褒美に快の感情を感じるので，行
動を起こすのである。褒美や罰を使う外発的動機づけをおこなっていると，そ
れらがなくなれば行動しなくなってしまう。つまり，先の例で述べれば，褒め
たり叱ったりする人が，その子どもの周りにいなくなったときは，褒美と罰が
なくなるために，行動が開始しないという現象がみられる。

　外発的動機づけには，2つの特徴が存在する。1つ目は，他者からのはたら
きかけがあってこその動機づけであり，自律性が低いという特徴である。2つ
目は，動機づけられた行動は，行動によって生まれるメリット（たとえば，叱
られることを避けるなど）を得る目的のために動機づけられるというメカニズ
ムである。

（2）内発的動機づけ　　興味が湧いたので図鑑を調べる，楽しいから楽器を習
うなどを経験したことがないだろうか。これらは，行動そのものに，自分の内
側から湧きあがる興味・関心が伴って行動を起こす動機づけである。このよう
な動機づけを内発的動機づけという。つまり，誰かに強制されるわけでもなく，
自分のやりたいことや好きなことをする動機づけである。そのことに興味，関
心があるからこそやりたいと感じるのである。

　たとえば，人間の心のメカニズムに興味がある学生は，自発的に図書館に
行って，心理学の文献に触れ，調べて，知識を増やしていくだろう。学生本人
は，心理学のことを勉強しているつもりはなくても，楽しく心のメカニズムの
知識が増えていくのである。

　内発的動機づけには，2つの特徴が存在する。1つ目は，自分自身の取り組
んでいる活動に興味・関心をもつというものである。いわゆる自律性が高いと
いう特徴である。2つ目は，活動そのものに興味や関心が向けられているため，
やろうとしている動機づけが目的性をもつことである。つまり，目的性が内発
的動機づけの特徴のひとつといえる。

（3）アンダーマイニング効果　　アンダーマイニング効果とは，内発的動機づ
けによって起きた行動に対して，報酬，監視状況，期限の設定，評価教示など，
外的な拘束を基にしたネガティブな影響のことをいう。興味や関心などで意欲

的に取り組んでいる行動に対して他者から外的な報酬を与えられると，報酬が与えられなくなった後に，意欲的に取り組んでいた行動が低下する現象のことを指す。

なお，アンダーマイニング効果は，物質的な報酬に対して現象が起きやすいと考えられており，褒めるなどといった言語的な報酬では起こりにくいともいわれている。

3 動機づけが学習に与える影響

(1) 原因帰属　　アメリカの心理学者ワイナー（1935-）は，結果の成功や失敗の原因を何に求めるかを原因帰属と考えた。つまり，成功や失敗の原因をどのようなことに求めるかによって，動機づけに影響を与えると考えたのである。これを帰属理論とよぶ。

ワイナーは，原因帰属を3つの次元からとらえ，それを「原因の所在」（内的・外的），「原因の安定性」（安定・不安定），「原因の統制可能性」（統制可能・統制不可能）の次元に分類した（**表8-1**）。

就職活動で内定をもらった場合（つまり成功した場合），そこにはさまざまな原因帰属が考えられる。内的帰属の場合には，「自分が努力したからだ」と考えることもあれば，外的帰属の場合には，「甘い面接官に当たったからだ」と考えることもあるだろう。逆に内定をもらえなかった場合（つまり失敗した場合），内的帰属の場合には「自分の努力が足らなかったからだ」と考えることもあれば，外的帰属の場合には，「厳しい面接官に当たったからだ」と考えることもあるだろう。これは，成功か失敗かの原因を自分の内外に求めようとするものであり，ワイナーはこの次元を原因の所在とよんだのである。

また，問題を解くことが自分の能力や課題の困難度のような安定的・固定的

表8-1　原因帰属の分類 （ワイナーによる）

	統制可能		統制不可能	
	安定	不安定	安定	不安定
内的	普段の努力	一時的努力	能力	気分
外的	教師の偏見	他者からの日常的でない援助	課題の困難度	運

で変化しづらいものとみなすのか，一時的に努力して頑張ったことや，たまたま解けたという「運」のような不安定的で変化しやすいものとみなすのかについて，ワイナーはこの次元を原因の安定性とよんだ。

　さらにワイナーは，自分で試験前の勉強時間を統制できるが，試験前の体調を統制するのは困難であるので，統制可能か統制不可能かの次元があると指摘し，この次元を原因の統制可能性とよんだ。したがって，自分の普段の努力が足りなかったというように原因を帰属させれば，内的に統制可能であり，安定した原因の認知となる。また，今回は運が悪かったと原因を帰属させれば，内的に統制不可能であり，不安定である原因という認知となる。

　ワイナーの原因帰属の分類では，原因を帰属させた後の取り組みについて，その出来事が成功をした場合，同じ取り組みをすると次も成功するという期待をもつことができる。しかし，失敗をした場合には，再度失敗をしてしまうのではないかという考えになってしまうかもしれない。また，原因が自分にあると考えると，成功したときに自分の努力や能力などを誇らしく思い，次に取り組む自信につながる。しかし，失敗したときには，自分の努力や能力が劣っていると思い，次に取り組む際に，感情が乱れることもある。このように，原因帰属は動機づけに大きく関係してくるのである。

（2）期待・価値理論　　何かの課題を達成できる確率の高い方が，達成できる確率が低いときよりも，動機づけが高まることは，日常生活で経験することである。また，課題を達成したときに価値が高いと感じる場合の方が，低い場合よりも動機づけが高くなるであろう。

　つまり，その課題を達成できるかという「期待」と，その課題の達成で生じる「価値」を評価することで，実際にその課題に取り組むか否かを判断するのである。このように，期待と価値の認知によって，動機づけの高低が決定する理論を期待・価値理論という。

　期待・価値理論は，「動機づけ＝期待×価値」という関係性で説明が可能である。つまり，期待と価値の積が動機づけの度合いを規定するのである。期待が低ければ，価値が高くても，動機づけの低下につながる。逆に，期待が高くても，価値が低ければ，動機づけの低下につながる。

　期待・価値理論からいえることは，子育てや教育などにおいて，子どもが期

待と価値の実感をもてるようにすることである。

● 2節　効果的な学習指導

1　学習者の能動性と学習

(1) プログラム学習とは　　プログラム学習とは，アメリカの心理学者スキナー（1904-1990）が提唱した学習法であり，道具的条件づけ（オペラント条件づけ）の理論を応用した指導方法である。これは，学習の目標までのプロセスを小さな課題に分け，いわゆるスモールステップの原理を用いて，学習の目標を達成するまで支援する方法である。

　プログラム学習では，達成すべき学習のプロセスを細かく分け，順番づけて配置する。学習者は順番どおり学習し，設問について解答する都度，正答がフィードバックされる。

　現代では，パーソナルコンピュータを使用して，e-ラーニングなどのオンライン学習をする際に，このプログラム学習を実践する例がみられる。

　プログラム学習には，5つの原理がある。それは，「積極的反応の原理」「スモールステップの原理」「即時フィードバックの原理」「マイペースの原理」「学習者検証の原理」である。「積極的反応の原理」とは，学習者が積極的に学習に取り組むことで，学習が進められる原理である。「スモールステップの原理」とは，学習者が無理なく学習が進められるように細分化された課題が準備されている原理である。「即時フィードバックの原理」とは，課題の問題に取り組んだ後にすぐに正答がフィードバックされる原理である。「マイペースの原理」とは，学習の取り組みについて，学習者が自分の好きなペースで進めることができる原理である。「学習者検証の原理」とは，プログラムを体験した学習者の成績や反応から，よいプログラムかどうかを検証し，改良をおこなう原理である。

　スキナーが考えた直線型のプログラム学習は，一直線に学習内容を配置している。その一方で，アメリカ空軍所属の心理学者クラウダーが考えた分岐型とよばれるプログラム学習も存在する。これは，学習者が解答を誤った場合に，必要な追加学習ができるように分岐を設けたものである（図8-1）。

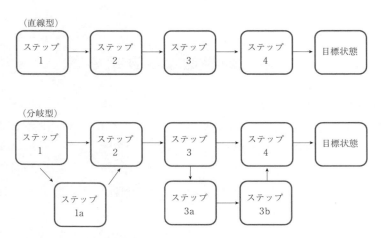

図 8-1　プログラム学習の一例

(2) 発見学習　アメリカの教育心理学者ブルーナー（1915-2016）は，科学者のように，学習者が自ら問題を見つけ，その問題を自分で考え，自分自身で解決に向けて発見していくという思考法そのものが重要であると考えた。これが発見学習といわれる学習方法である。

　発見学習のプロセスは，「問題の把握と観察」「仮説の設定」「仮説の精錬」「現実的に能力を生かすための転化」の4段階に分かれる。

　「問題の把握と観察」とは，学習者が問題意識をもち，具体的な事実を観察していく。最初は全体的な観察にとどまるが，プロセスが進むにつれて，問題に焦点を合わせた観察へと変化させていく。その際，学習者の焦点から外れないようにするため，教育者側の助言が重要な役割を果たすのである。

　「仮説の設定」とは，学習者が観察に基づいて仮説を設定していくことである。この仮説は，学習者の直観的思考や思いつきということが多くある。そこで，教育者側は学習者の仮説設定の手がかりとなるような資料を提示したり，適切な助言をしたり，学習者同士のディスカッションを活性化させたりすることが重要となる。

　「仮説の精錬」は，「仮説の設定」で得られた学習者の主観的仮説を一般化された客観的仮説へと精錬させていくことである。学習者は，主観的仮説を再設定していくことから，教育者側の適切な助言が重要になってくる。

「現実的に能力を生かすための転化」は，知識としての一般的仮説を，現実場面で応用できるようにしていくことである。

このように，発見学習は学習者が主体的に発見できるようにするために，教育者の助言などのはたらきかけが重要となってくる。

発見学習は，学習者の内発的動機づけによってきっかけが生まれ，学習によって得た情報同士を自ら組み立てることによって深い理解を得ることができる。そして，さまざまな学習へ応用することが可能である。わが国では，発見学習の実践例として，科学史研究家の板倉聖宣（1930-2018）によって広められた仮説実験授業があげられる。

(3) 有意味受容学習　　学習者が新しい知識を学習する際に，すでにもっている知識（既有知識）同士を結びつけながら，新しい知識を意味あるものとして受容していく学習を有意味受容学習という。また，このような既有知識を先行オーガナイザーという。アメリカの心理学者オーズベル（1918-2008）は，この先行オーガナイザーが，新しい知識に意味づけをうながすための知識であると考えた。有意味学習は，学習材料が有意味であること，学習者が新しい学習材料との関連ある知識をすでにもっていることが必要となる。

さらに，既有知識は，私たちが新たな行動をするときに，その行動を進める際の「プログラム」として機能する。心理学では，この既有知識をスキーマやスクリプトとよんでいる。たとえば，私たちは買い物をするときに，店に入って「何をしたらいいのだろう？」と，買い物の手順について考え込むことはないだろう。店で買い物をする行動プログラムは，過去に何回も買い物をしていれば勝手がわかっている。このような既有知識であるスキーマが獲得され，実行されることから，入店してからの行動や動作を意識しなくても買い物ができるのである。このように，一度獲得された知識や技能は，ひとまとまりの知識や行動として取り込まれるのである。

注意しなければならないのは，単に暗記で学習したレベルと，内容を深く理解したレベルでは知識自体の変化が異なるということである。深い学習を支えるのは，有意味受容学習における知識と知識を結びつけるプロセスや，リハーサル（繰り返し）による知識の定着促進など，さまざまな学習活動であろう。

第8章　効果的な学習指導を学ぶ　　93

● 3節　指導形態と学習

1　指導形態と学習効果

（1）適性処遇交互作用　　アメリカの教育心理学者クロンバック（1916-2001）は，学習者特性の違いで，学習方法が異なる現象を指摘していて，これを適性処遇交互作用（Aptitude treatment interaction：ATI）という。

　アメリカの心理学者スノー（1936-1997）は，適性処遇交互作用について，次のような実験をおこなっている。

　物理学専攻の大学生を，講義形式の授業を受講する群と，映像による授業を受講する群に分けた。その結果，2つの群の間に，成績の差は認められなかった。しかし，それぞれの群の学生を対人積極性の高低によって，再度グループ分けし，両グループの成績を再分析したところ，対人積極性の高い学生は，講義形式の授業の成績が優れている傾向が認められた。また，対人積極性の低い学生は，映像での授業で，優れた成績であることが認められた。

　これらのことから，学習者によって最適な学習指導法を選択することの重要性が明らかになったのである。

　イスラエルの教育心理学者サロモン（1936-2016）は，最適な学習指導法について，3つの方法を提示している。それは，特恵モデル，補償モデル，治療モデルである。

①特恵モデル：学習者の能力を最大限に発揮できるような方法が提示される。

②補償モデル：特定の学習で何らかの特性が不足する学習者に，不足を補うような方法が提示される。

③治療モデル：学習に必要な知識や能力がまだ身についていない学習者に，時間をかけて習得するような方法が選択される。

　これらのことから，学習効果だけに着目するのではなく，学習方法によってどのような学習者にどのような学習効果があるのかという観点からの検討が必要といえるであろう。

（2）習熟度別指導　　学力は差がつくものであり，個人差が出てしまうものである。個別最適な学習を保障するためには，習熟度に応じて指導をおこなうこ

とで，学力の低い児童生徒に補償的な教育をおこなうことができる。同様に，学習の理解度が高く進度の早い児童生徒に対しては，応用・発展的な学習へ進むことで，その児童生徒の能力を引き出すことができる。このような，個人差に応じた指導方法のひとつに習熟度別指導がある。実際の習熟度別指導では，学習の到達度の高い児童生徒には応用・発展的な学習内容を実施し，学習の到達度の高くない児童生徒には，基礎的な学習内容を実施するクラス編成にする。また，基礎的な学習内容のクラスでは，少人数のクラス編成にしたり，教員の人数を増やしたりする場合が多い。

　習熟度別指導の問題点として，クラスが固定することで，劣等感・優越感を助長する雰囲気になることが懸念される。そのため，長期間にわたってクラスを固定しないよう工夫し，成績のみをクラス編成の材料とせず，他の観点も盛り込むことが重要である。

　このような習熟度別指導の考え方は，現代のわが国における特別支援学校や特別支援学級などの特別支援教育の理念と関係しているのである。

(3) 状況論的学習　　アメリカの社会人類学者レイヴ（1939-）らは，アフリカのリベリアにおける徒弟制度において，弟子が親方から効率的に学習していることを発見した。この徒弟制度のなかで，知識や技能を教える側である親方と学び手である弟子が，共同作業を分担し，弟子は親方の仕事の仕方やスキルなどを観察する。そして単に技術を学習するのみならず，同時に全体的工程の把握，親方の先輩や同僚に対する人間関係についても学ぶのである。弟子は，親方から技術を学習するが，受動的な学習ではなく，自ら主体的に参加しながら学習する正統的周辺参加といわれるスタイルで学習するのである。このような学習は，環境が規定するものでも，個人の内部に生じるものでもなく，個人と環境の両者が結びつくものである。このように，学習において「状況」が考慮される場合を状況論的学習とよぶ。

2　これからの学習指導

(1) 変わる学習観　　わが国の教授法は，一斉授業によって，教師から児童生徒へ知識，技能が伝達されるという形式が採用されてきた。近年，ヴィゴツキーの発達の最近接領域との関係のなかで，学習者の能力は自分の力で獲得で

第8章 ● 効果的な学習指導を学ぶ　　　95

きる水準と，他者からの援助で獲得できる水準が存在し，この2つの水準の間に位置する学習者へ適切に介入することで，その能力を引き出すことができると考えられている。この適切な介入のことをスキャフォールディング（足場かけ）とよんでいる。これらの見方は，子どもの能力が固定的で安定した存在であるという従来の見方と一線を画している。

したがって，これからの教育は，学習者が取りまく教育的資源や環境をどのようにとらえ，はたらきかけていくのかについて考えながら，進めていくべきであろう。

また，教育の手段となる資源のとらえ方が変わったことも大きい。近年，わが国においては，GIGA スクール構想をはじめ，ICT を用いた個別最適な学習，協同的な学習を展開することが考えられている。学習に関して，自分の周りにある資源をどのように用いて自分が変容するのかというアプローチが再定義されているのである。

（2）協同的学習　　これからの教育は，教育者からの一方向の教授でなく，学習者が周囲のメンバーと協同的に取り組む方法も注目されるようになった。学習者は，ひとりで学ぶよりも複数人で学ぶ方が，さまざまな資源を利用して，積極的に活動することができる。協同的学習は，メンバー間で説明し合い，お互いの行動を確認し合うことで，学習の理解が深まるような認知的活動を促すといわれている。

協同的学習を促すための授業には，多くの手法がある。代表的なひとつに，4〜6人のグループで議論を繰り返し，その結果をクラスで発表しながら学習するバズ学習という方法がある。さらに，ひとつのグループのメンバーがそれぞれ別のチームに出向いてグループ学習をし，もとの所属グループへ戻って学んだことを教え合うジグソー学習という方法がある。

協同的学習は，メンバーがよい関係性を構築しながら学習していくので，社会的発達の促進も期待されている。メンバーが主体的，対話的に授業参加するためには，相互作用を発揮できる集団をあらかじめ作り上げておくことが重要である。そうすることで，メンバー一人ひとりに合った説明や活動，個に応じた指導を実現でき，個別最適な学びを実現できるというメリットが生まれるであろう。

◆参考文献

中澤潤（編著）　よくわかる教育心理学〔第2版〕　ミネルヴァ書房　2022
藤田主一・楠本恭久（編著）　教職をめざす人のための教育心理学　福村出版　2008
古川聡（編著）　教育心理学をきわめる 10 のチカラ〔改訂版〕　福村出版　2019

第9章 パーソナリティの理論を学ぶ

● 1節　個性と個人差の理解

1　人の特徴を表すことば

　人の個性や心理的特徴を表すことばとして「性格」がよく使われる。一般的に，ある人の思考や行動に現れる持続的な傾向で，他者から観察可能な特徴を示す。一方，自分自身については，自己を客観視することにより理解できる特徴と，他人からは直接知ることができない特徴に分類できる。これらは，人が個性や個人差をどのように理解するかによって注目される特徴や特性が決まる。人の特徴を表すことばには，ほかにも「気質」や「パーソナリティ（人格）」がある。

　気質・性格・パーソナリティについて，アメリカの心理学者オールポート（1897-1967）は，気質とは遺伝的に決定された生理的な感情特性であり，その気質を有する個人が環境に適応する過程で獲得した固有の行動パターンを性格と考えた。その上で，パーソナリティを個人の内部にあって，環境に対するその人独特の適応の仕方を決定するダイナミックな心のしくみであると定義した。

オールポート

　とくに，パーソナリティとは，遺伝的に規定される気質的特徴と環境によって学習される行動特徴によって，感情，思考，行動の一貫したパターンを説明するその人の諸特徴である。これは，ある個人の行動，考え方，価値観などの「その人らしさ」を表すものであり，その人が示す一貫した行動形態を示すものである。

　さらには，自分以外の複数の人間がかかわれば，自分

の行動に現れる特徴が他の人からどう見られているか，自分の行動が相手に不快感を与えていないか，自分の考えが相手にどのように理解されているかなど，対人関係から派生する問題への調整や適応が求められる。このため，パーソナリティは関係性の特性としてとらえることもでき，対人関係を通じ，場面に応じて演ずるべき自分の役割を調整し活用する能力も求められるようになる。

2　パーソナリティが形成される要因

　パーソナリティの同心円（図9-1）は，基本的感情特性としての気質がもっとも内側に位置する。その外側には経験から形成される態度や行動特徴などの性格がある。もっとも外側には場面や状況に応じて演ずる役割や自我同一性の特徴などがあり，外側に位置する性質ほど他者から観察されやすくなる。また，気質のように，同心円の中心に近いほど遺伝的要因が強く変化しにくいが，外側に位置するほど環境や経験によって形成されるため，状況によって変化しやすい。

(1) 生物学的要因　　これは，気質の形成と大きくかかわる。生まれつき備わっている生理的基盤に基づいた感情特性で，遺伝的要因が大きく，感情的な反応に深く関係している。憂うつ，冷静，陽気，癇の強さといった気分の現れ方などの特徴を示す。主に生理的要因によって形成され，体型，脳神経系の構造，自律神経のはたらき，下垂体や甲状腺ホルモンのはたらきなど，感情の起伏や気分の流れを特徴づけている。

(2) 環境的要因　　これは，生得的な気質が生後の経験，環境的な影響を受けて成立する行動特徴で，性格の形成と大きくかかわる。行動に現れ，他者から観察可能な，ある人に特有の特徴や人柄としての行動特徴である。行動に現れる性格は状況や場面に応じて変化するため，ひとりの人間の性格がいくつもあるようにみえることがある。胎内環境，家庭環境，学校，職場，文化，自然や風土の影響を受けた行動の積み重ねが性格となる。性格が変化していく基準は，その行動が環境に適応しているか

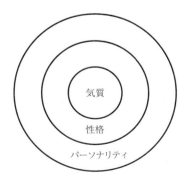

図9-1　パーソナリティの同心円

どうかで，承認や評価などが強化される。

(3) 状況的・役割的要因　　これは，状況や役割，そして対人関係といった環境からの学習によって形成される特性で，パーソナリティとよばれる。ギリシア語のペルソナ（仮面）が語源で，人が直面する場面によって果たすべき役割とも深くかかわる。さまざまな場面や状況における性格を統合し，自我同一性と関連があり，自分は昨日も今日も，自分というひとりの人間であるという確信も含まれる。その人が置かれた状況や役割にふさわしいように行動することを通じた対人関係や社会的環境からの学習によって形成される。

3　パーソナリティを理解する

　パーソナリティには「自分という意識」が大きくかかわる。さらに，自分を取りまく状況や環境が変化した場合には，環境的要因が変化することでパーソナリティの変化が起きる。「自分を変えたい」という意志があれば状況的・役割的要因を変化させ，自分の性格を変えることができる。学校ではクラス替え，職場では配置転換などにより対人的な環境が変わると行動形態も変わってくる。あるいは，行事やイベントなど状況をきっかけとして，その人に何らかの役割が課されることにより，その役割にふさわしいよう行動が変わることがある。このような行動の変化がパーソナリティを変えていくきっかけとなる。

　他者のパーソナリティを観察し理解するときは，必ず生物学的，環境的，状況的・役割的な3要因を考慮する必要がある。学校で問題行動を起こした生徒のパーソナリティに言及する場合は，3要因のどこに問題行動の原因があるのかを考えなければならない。たとえば，「授業中に落ちつきのない子」がいた場合，生物学的要因であれば発達障害を疑い，専門機関に診てもらう必要がある。環境的要因であれば，家庭でも落ちつきのない環境であるかどうかを親との面談などで確認する必要がある。状況的・役割的要因であれば，クラスに慣れていない，大勢の人がいるところでは落ちつかない，クラス内での友人あるいは教師との対人関係がよくないなどの原因が考えられる。また，普段から「まじめな子」という行動形態であっても，生物学的なまじめさなのか，親からしつけられてまじめな行動が身についたのか，家庭ではそうでなくても学校という場面だからまじめなのか，という3つの側面から考えていく必要がある。

このように，教師やおとなは，教室というひとつの場面だけでなく，普段の行動観察や面談をとおして，つねにその子どもの行動を把握しておくことが大切である。

● 2 節　パーソナリティの理論

1　パーソナリティの類型論

　人の思考は，表象に基づく同異判断を基盤とする類比から始まりやすい。ギリシア哲学の時代から，世界を構成すると考えた少数の要因に帰結させることで理解しようとした。アリストテレス（384-322 BC）は，人の精神の座は心臓にあると考え，世界を構成する，熱・冷・湿・乾の四大元素が，五感を通じて得られた刺激として，体液が心臓に集結することで精神を形成するという四性質説を唱えた。つまり，熱・冷・湿・乾のうち，どれが多くかかわるかは人によって異なると考えた。このような考えは，人間の体内には血液・粘液・黒胆汁・黄胆汁という四体液が流れているというヒポクラテス（460-365 BC）の仮説に基づき，ガレノス（129-200）により人間の気質は，血液質・粘液質・黒胆汁質・黄胆汁質に分類する粘液起源説が提唱され，ギリシア・アラビア医学の基本として，人間の精神を含め批判を許さない支配的な地位を占めていた。

　人々が，測定による定量的思考や，複数の独立変数をもつ $t = f(x, y, z)$ のような関数関係を理解する以前は，類比的思考を基盤とした定性的な分類によって人の特徴を理解しようとする類型論が受け入れられやすく，盛んに提唱された。このような誤りは，私たちの直感的確率予想が定量的測定や事前確率を無視して，典型への類似性のみによって判断されることに起因している。

（1）クレッチマーの気質類型　　ドイツの精神科医クレッチマー（1888-1964）

表 9-1　クレッチマーが分類した精神病者と体格の関係（計 8,099 名）

疾患名	症例数	痩せ型	肥満型	筋骨型	発育不全	その他
統合失調症（分裂病）	5,233	50.3%	13.6%	16.9%	10.5%	8.6%
躁うつ病	1,361	19.2%	64.6%	6.7%	1.1%	8.4%
てんかん	1,505	25.1%	5.5%	28.9%	29.5%	11.0%

は，自身が院長をしていた精神病院で，入院患者の入院時の体格と病質に一定の関係があるのではないかと考えた。そこで彼は，病質と体格の関係を**表9-1**のように集計した。

これをもとに，分裂気質者には体格が細長い人，循環気質者は太った人，てんかん気質者は筋肉質の人という，統計的結果として体格との関連も述べた。しかし，このデータは精神病者という条件のもとでの体格の比率という条件つき確率である。ベイズの公式により特定の体格という条件のもとで特定の精神病に罹患する確率を計算すると，ほとんど問題にならないぐらいの僅差になってしまう。ここでも，典型への類似性が確率判断への誤った意味づけとして認められる。それは，イスラエルの心理学者カーネマン（1934-2024）らの人物表をもとにした性格判断などにも表れる。

(2) ユングの類型論　スイスの精神分析学者ユング（1875-1961）は，心的エネルギーの方向と4つの心的機能の組み合わせによって性格の類型を考えた。ただし，これは抽象的な思考によって構成された理論，説明概念のひとつと考えることができる。心的エネルギー（思考の対象）が，自分を取りまく環境や周囲の人間関係である外界に向いているのが外向型である。外向型は，周囲にはたらきかけ，自分が適応するため他者へ積極的にかかわり，迅速な判断を好む。一方，内向型は，自分を取りまく環境や周囲の人間関係に自分自身が対応して適応することを好むため，内省に優れ，周囲の人の顔色をうかがいながら慎重な判断を好む。

さらに，心的機能を思考，感情，感覚，直観の4つに分類し，これに外向型と内向型を組み合わせて，4×2の計8通りの性格類型を考えた。しかし，この8類型のあてはまりの悪さから，ユングの類型に知覚的態度として判断型と知覚型を加えた4×2×2の16通りに細分化した類型も提唱された。妥当性の保証はないが，MBTI（マイヤーズ＝ブリックス・タイプ診断）として商品化されている。

(3) 類型論の特徴　ほぼすべての類型論は，類型化の指標に対するデータによる実証がされておらず，再現性が保証されない。このため，ほぼすべての類型論から，客観性と反証可能性が保証された科学的結論を得ることは期待できない。かつては，類型論に科学的根拠を与えたアメリカの心理学者シェルドン

(1899-1977) による体格と性格の関連を説明した胚葉起源説が広く支持された時代もあったが，詳細な分析データが公表されず，後のワシントン大学による内部調査において，データ捏造と判明した。このような類型論の欺瞞性から，現在では国際的に評価が高い人格心理学の最新のテキストから，パーソナリティの類型論そのものが削除されている。

　しかし，科学的知識や測定を基盤とした定量的な思考力が乏しければ，いやおうなしに定性的な類比的思考が選択される。そのため，印象形成が容易で，典型への類似性によって特徴を判断する傾向に縛られるため，いまだに類型論を無批判に信奉する人はなくならない。

2　パーソナリティの特性論

　特性論は，その人の行動を特徴づけるような複数の側面を定量的に抽出する。人の体格を表す方法を例にすると，典型的な体格への類似性によって「太っている」「痩せている」「筋肉質」などと分類するのが類型論である。これに対して，身長（cm），体重（kg），体脂肪率（%）など複数の定量的な変数によって表すのが特性論である。

　パーソナリティ特性とは，「場所や時間が変わっても，その人の行動に一貫して現れる特徴的なパターン」の頻度や程度を数量化した指標である。さらに現代の心理学では，時間や状況による影響を超えて，その人の行動に一定のパターンを作り出す何かが人の内部構造にあり，そのなかでもパーソナリティ特性はその内的特性と深く関連していると考えられている。

　背反する特徴でも，特性の両極としてとらえることが可能である。わかりやすい例としては，暑い，寒いという2つの特徴を，数値（気温℃）で表す方法である。古い類型論では，内向型と外向型のように，対立し相反する特徴を異なる類型として分類している。しかし，特性論では向性という尺度に集約し，それぞれの両極に外向と内向を置くことができる。プラスの向性であれば外向性で，マイナスの向性であれば内向性である。

（1）オールポートの特性論　　特性論的な考え方は，ある人がもっている，明るさ，堅実さ，倹約ぶり，協調性などの多くの性格特性を程度の差として総合的に評価するものである。

オールポートは，パーソナリティ特性を「共通特性」と「個別特性」に分けた。共通特性は，程度の差はあるが誰でももっているような性質で，人による違いを程度の差として比較できる。例として，試験前の不安を数値の高低で表すなどである。個別特性は，その人独自のものであり，その人の個性として表れることが多い。個別特性は，他人には理解できないような特定の個人に固有の性質であることから，詳細な観察，自伝や日記・手紙などの分析をしなければ，とらえることは困難である。

オールポートは，数種類の代表的辞書から人柄を表現すると考えられる形容詞や副詞約 18,000 語あまりを抜き出し，実際的な特性を表現する語群から特性語を整理した。特性表現語の多くは，「明るい－暗い」「外向的な－内向的な」などのように正反対の意味をもつ対語となり，同意語の対を整理した。これらの対語から心理学的に重要と思われるものを選び，パーソナリティを共通特性によって客観的に記述するサイコグラムを開発した。このような方法は，パーソナリティの語彙的アプローチとよばれる。これは，重要な特性は必ず自然言語に符号化されていると考え，特性語を網羅的に収集し分類整理することで，基本的な特性や構造を抽出する方法である。

(2) キャッテルの特性論　　オールポートが意味的な解釈によって特性の整理をおこなったのに対し，アメリカの心理学者キャッテル（1905-1998）は，計量的な方法で特性の整理をおこなった。キャッテルは，オールポートの抽出した特性語を使用頻度によって整理し，因子分析によってパーソナリティ特性を少数の潜在的変数に整理した。さらに，その人の行動に表れて他の人から直接的に観察される表面特性と，より深いところあって表面特性を作り出すもとになっている根源特性という 2 つの階層に分類した。多数の表面特性も，同じ根源特性による表面特性は相関が高いことを利用して，多くの変数の相関関係をもとに，関係の深い変数の塊としての潜在変数（因子）を抽出できる。このことから，表面特性を因子分析して得られた因子が根源特性を反映していると考えた。このように，観察された表面特性から基本的な根源特性を見つける方法は，その後のパーソナリティ理論の多くに採用された。

キャッテルは，表面特性から因子分析により 12 の根源特性を見出し，これらの根源特性がパーソナリティの基本特性と考えた（**表 9-2**）。個人が根源特性

をどの程度もっているかを測定することで，パーソナリティをより正確にとらえることができる。キャッテルは，さらに質問紙固有の4つの特性を加えて16パーソナリティ因子質問紙（16PF）を開発した。16PFは現在も改訂され続け，12の根源特性が多すぎるという批判に対し，2次因子分析により上位の根源特性を考え，主要な根源特性を5とする理論を展開している。

表9-2　キャッテルによる12特性

1.	回帰（循環）性 vs. 分裂症
2.	一般精神能力 vs. 精神欠陥
3.	精神的安定性 vs. 神経質的な一般情緒性
4.	支配性・優越性 vs. 服従性
5.	高潮性 vs. 退潮性
6.	積極性 vs. 依存性
7.	冒険的回帰性 vs. 退避的分裂症
8.	幼児的過敏性 vs. 成熟し強靱な安定性
9.	社会化された教養ある精神 vs. 無教養
10.	信頼しうる回帰性 vs. 偏執性
11.	放縦主義的無頓着 vs. 月並みな実際性
12.	詭弁 vs. 単純性

このように，キャッテルはパーソナリティ特性について測定論のもととなる研究をおこない，その方法論は現在にいたるまで多くの研究者が引き継ぎ，語彙的アプローチによるパーソナリティ研究法を確立した。

(3) アイゼンクの特性論　　ドイツの心理学者アイゼンク（1916-1997）は，古典的な類型論と，当時最新の特性論とを融合した理論を構築したことで知られるが，単に表面的な行動特性のみではなく，生理的な反応を含めた研究をおこなっていた。アイゼンクの理論は，生理心理学と遺伝学に基づき個人差研究の視点としてパーソナリティ理論を考えていた。

アイゼンクは，前もって基準になる因子を定めてから，表面特性をまとめ上げる独自の因子分析法を用いた。その結果から，パーソナリティは，①さまざまな状況に応じて起こる個別的反応，②個別的反応が徐々にまと

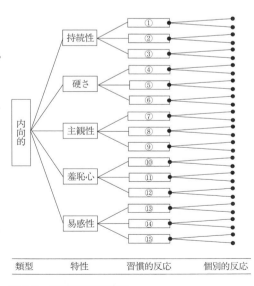

図9-2　内向型の階層構造

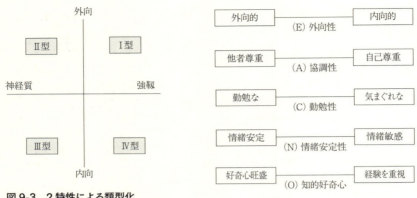

図9-3　2特性による類型化　　　　**図9-4　主要5因子モデル**

まった傾向としての習慣的反応（特殊因子），③習慣的反応の集合体としての特性（群因子）とし，図9-2のような階層構造を示した。キャッテルの考え方と対応させれば，「習慣的反応」を表面特性，「特性」を根源特性と考えられる。

さらに，アイゼンクはパーソナリティ特性を用いた類型化にも言及している。お互いに相関をもたない向性（外向 – 内向）と神経症傾向（神経質 – 強靱）のようなパーソナリティ特性を組み合わせると，図9-3のように分類することができるとし，パーソナリティ特性を用いた類型化の理論も構築した。

(4) 主要5因子モデル　　パーソナリティを構成する根源特性としての因子は，多くの研究者によって異なる因子数が提唱されてきた。パーソナリティの測度である因子が異なれば，相互に比較することはできない。そこで，評定条件，評定場面や被験者を変えても繰り返し出現する安定したパーソナリティ記述因子が求められた。

その結果，基本的な性格の次元は図9-4に示す，①外向性，②協調性，③勤勉性，④情緒安定性（神経症傾向），⑤知的好奇心（開放性）の5因子が提唱された。これをビッグファイブや主要5因子モデルとよんでいる。研究者や被験者が違っても，これらの5因子が繰り返し出現し，数年間にもわたって頑健で安定していることが確認されている。現在のところ，パーソナリティ特性論に基づくもっとも信頼性と妥当性の高いモデルである。

3 パーソナリティの相互作用論

相互作用とは，複数の変数や事象が互いに影響を与え，現象を生み出すことを意味する。パーソナリティ研究において，遺伝と環境の相互作用から始まり，人 - 状況論争をきっかけとして注目されるようになった。

(1) 相互作用論の展開　個人差や個性を規定する要因として，人と状況の両方を重視する考え方は古くから存在する。古典的な行動主義では，環境を個別の刺激に分け，刺激への反応として行動を分析する状況主義的な立場をとった。オペラント行動理論では，生体の行動が状況の変化によって制御されるとした。レヴィンの場理論は，人（P）と環境（E）が行動（B）の規定因とし，両者の相互作用を重視して $B = f\,(P,\ E)$ で説明できるとした。パーソナリティ研究が進むにつれて，個人の行動特徴の説明においてパーソナリティ特性が注目されるようになった。

　個人差は，状況と行動の安定した結びつきとして示される。ある人が特定の状況（X）では特定の行動（A）を取り，別の状況（Y）では異なる行動（B）を取るというパターンが安定している場合，これが心理的に意味のある個人差と考える。このパターンの安定性は，首尾一貫性とよばれる。

(2) 強化感受性理論　イギリスの心理学者グレイ（1934-2004）は，外向性と学習理論の立場からアイゼンクの理論の再公式化をおこなった。それは，強化感受性理論とよばれ，新たな衝動性と不安の因子を見出した。高い情動性を特徴とする神経症傾向は情動性の強化によって喚起されるので，罰や報酬などの強化事象全般に対する強い感受性を反映するとした。人間の動機づけシステムは，行動抑制系（Behavioral Inhibition System：BIS）と，行動賦活系（Behavioral Activation System：BAS）の競合から駆動されるとした。BISとBASはそれぞれ独立の神経学的基盤が仮定された。そこでは，BISは神経症傾向と正に相関，外向性とは負に相関する。BISは損害回避と正に相関し，新奇性追求とは相関せず，BASは新奇性追求と正に相関し，損害回避とは相関しないという結果が得られている。

(3) 遺伝と環境の交互作用　アメリカの精神科医・遺伝学者クロニンジャー（1944-）は，パーソナリティ形成に関する遺伝と環境の問題から，人間のパーソナリティは遺伝的要因が大きい気質と，環境的要因が大きい性格の交互作用

第9章 ● パーソナリティの理論を学ぶ　　107

とした。新奇性追求は，ドーパミンに規定されており，新しいスリルや刺激を好み，意思決定が早く活動的な特性を表している。損害回避はセロトニンにより規定され，リスクに敏感で神経質な特性を表す。報酬依存は，ノルアドレナリンに規定されており，社交的で他者に依存しがちな特性である。固執は，物事にこだわり忍耐強い特性であるが，対応する神経伝達物質はまだ同定されていない。クロニンジャーの理論は，主要5因子性格モデルとの対応性も検討され，特性の背後に脳機能や遺伝子の個人差があると想定される。

4 精神分析と精神力動説

(1) 精神分析学からみたパーソナリティ　オーストリアの心理学者・精神科医フロイト（1856-1939）は無意識について考察した。現在では，無意識は記憶の段階説に従い，長期記憶に格納された情報を示す。フロイトは，図9-5に示すように，人間の心を意識・前意識・無意識の3層に区別した。無意識的なエスは本能的な衝動に支配され，自我はエスの一部が変化して現実原理に従い，超自我は社会的な規範や道徳が内在化したものと考えた。この3つの機能が力動的に関連して行動が決定され，超自我・自我・エスの力関係によって性格が定まると考えた。

(2) 精神力動説によるパーソナリティ　オーストリアの精神科医アドラー（1870-1937）は，人間の行動や感情が，主に「劣等感」を克服し，「優越感」を追求する動機から生まれると考えた。個人の心理的な発展が社会的な関係や共同体感覚に強く影響されると主張し，個人の成長は他者との協力や貢献を通じて実現されるとした。アドラーの理論では，自己の目標設定や価値観が重要視され，個人が自己の価値を感じるためには，他者とのつながりや社会への貢献が欠かせないと考えた。その前提として，目的論，自己決定性，社会統合論，認知論，対人関係論をおいた。アドラーは，動機づけの前提となる「目的論」を強調し，過去のトラ

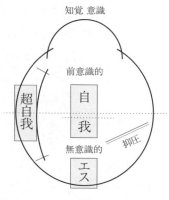

図 9-5　フロイトが考えた心の構造

ウマや経験よりも未来に向けた意志が行動により大きな影響を与えるとした。

(3) 精神分析の問題点　　精神分析の理論のほとんどは，具体的な実験や観察によって確認できず，主観的な解釈に依存している。また，精神分析はその理論が自己支持的であり，理論の修正が困難であるため反証可能性が保証されない。治療の成功や失敗は，理論が予期する結果にあわせて解釈されることが多く，実際の効果を測ることが難しい。さらに，精神分析は診断基準や治療方法が標準化されていないため，個々の治療者の解釈に依存する。そのため，治療効果の客観的な評価や比較が難しく，エビデンスが保証されず再現性と客観性に欠ける。イギリスの哲学者ポパー（1902-1994）は，どのような事例も都合よく解釈でき，反証可能性のない精神分析は偽科学であると指摘した。現代は，科学的な検証と厳密な基準に基づく心理療法が求められており，精神分析の理論にもいろいろな見方が存在している。

● 3 節　パーソナリティの測定

1　パーソナリティ理解の方法

　人のパーソナリティを理解する方法として，面接，行動観察，心理テスト，生活史調査，医学的検査などを用いる。面接や行動観察は詳細な結果が得られるが，主観が介入しやすいため客観性と信頼性に問題がある場合も多い。心理検査法には，質問紙法（主要5因子性格検査，MMPIなど），作業検査法（クレペリン検査法，ベンダー・ゲシュタルト検査など），投映法（ロールシャッハ・テスト，TATなど），描画法（自由画法と課題画法）がある。このうち投映法や描画法は，心理療法と並行してカウンセリングのなかで用いられることも多い。

2　心理検査の結果を歪める要因

　質問紙検査や投映法では，検査を受ける側の内省に基づいて回答した結果を集計するため，セルフリポートの側面もある。そのため，社会的望ましさ・自己評価の維持により，たとえば就職試験時の適性検査を受ける場合などは，理想像に近い回答をする傾向が顕著である。また，検査時の状況や気分による自己イメージの変動によって回答が変化しやすい。それ以外にも，個人に特有の

第9章　●　パーソナリティの理論を学ぶ

反応スタイルである黙従傾向・反発傾向・不決定や中心化傾向により，質問への回答や選択肢への回答傾向が偏る場合がある。質問紙検査では，社会的望ましさなどによる回答の歪みをチェックするために，虚偽尺度・建前回答傾向尺度が加えられることがある。

3 心理検査に求められる条件

すべての心理検査は，信頼性と妥当性が保証されなければならない。信頼性は得点や尺度の精度であり，妥当性は反復安定性や内的整合性によって構成され，尺度が本来測ろうとしているものを正当に測っているのかどうかを示すものである。また妥当性には，測定した値が予測したい行動を反映するかどうかを示す予測妥当性や基準関連妥当性，尺度が妥当性の根拠として取り上げられた条件を満たしているかを評価する構成概念妥当性がある。

そのため，心理検査の作成には，多数の人々に検査を実施し，信頼性と妥当性を調べ，質問項目の修正や取捨選択などの標準化の過程が必須である。その他，実施法や条件，採点や結果の処理が明記され，客観性が高い基準尺度を構成して，なおかつ効率性や実用性の確保などが標準化の目的とされる。標準化の過程や信頼性と妥当性は，公的な学術論文や検査のマニュアルに公開されなければならず，これらが明示されない心理検査を使用することは許されない。

◆参考文献

木島伸彦　クロニンジャーのパーソナリティ理論入門—自分を知り，自分をデザインする
　　—　北大路書房　2014
谷伊織・阿部晋吾・小塩真司（編）　Big Fiveパーソナリティ・ハンドブック—5つの因子から「性格」を読み解く—　福村出版　2023
村上宣寛・村上千恵子　主要5因子性格検査ハンドブック〔三訂版〕—性格測定の基礎から主要5因子の世界へ—　筑摩書房　2017
渡邊芳之・松田浩平（監訳）　カルドゥッチのパーソナリティ心理学　福村出版　2021

第10章 知能と学力のしくみを学ぶ

● 1 節　知能

　現生人類の学名がホモ・サピエンス（*Homo sapiens*；ラテン語），すなわち「知恵のある人」と名づけられていることに象徴されるように，「知能」は人をもっとも特徴づけるものであると考えられてきた。ところが，進化的にヒトに近縁であるチンパンジーやボノボといった動物にも，高度な論理的思考やシンボル操作能力，文化の創造といった，想像よりもはるかに高い知能があることが発見された。また一方では，人工知能の技術開発も日進月歩の勢いである。知能とは何かという問いと議論は，今の時代でもなお続いている。

1　知能の要素

　19世紀の哲学者が「知能」という語を使い始めたが，この概念を育ててきたのは多くの心理学者である。実のところ「100人の心理学者がいれば100通りの定義がある」といわれるほど，知能の定義に決まったものはないのである。ただ，1,000人以上の学者と教育者に人間の知能の核心的要素を尋ねた1988年の調査結果（**表10-1**）からは，完全に一致はしないが共通する要素も多いことがわかる。

　私たちは「知能」ということばから，

表10-1　知能の要素についての専門家の認識
（シュナイダーマンとロスマンによる）

知能の要素	重要と考えている専門家の割合
問題解決能力	99.7%
抽象的な思考あるいは推論	99.3%
知識を獲得するための能力	96.0%
記憶	80.5%
認知速度	71.7%
一般知識	62.4%
創造性	59.6%
達成欲求	18.9%

第10章 ● 知能と学力のしくみを学ぶ　111

表 10-2　代表的な知能理論

理論（年）／提唱者	概要	要素
二因子モデル（1904）／スピアマン，ヘップ	知能について因子分析をはじめておこなった。生得的な一般知能因子（g）と，後天的な特殊因子（s）があると提唱した。のちに，ヘップが知能の遺伝的側面（知能A）と，それが発達し開花した状態を発達的側面（知能B）と再定義した。	一般知能因子（g因子）特殊因子（s因子） 知能A 知能B
モジュールモデル（1938）／サーストン	スピアマンの一般知能因子（g）を否定し，比較的独立した機能から構成されるというモジュール（多因子）モデルを提唱した。	因子の例：言語理解，語の流暢性，空間，知覚の速さ，数，記憶，推理
知的構造モデル（1950）／ギルフォード	知能を情報処理機能と考える立場から，情報の「内容」「心理的操作」「伝え方の所産」という3次元の知能構造モデルを提要した。知能の構造を全部で120（4×5×6）の因子ブロックからなる立体構造で表した。	内容4カテゴリー操作5カテゴリー所産6カテゴリー
神経心理学的理論（1960s〜）／ルリア，カウフマン夫妻	脳の処理機能としての認知能力と，認知能力を活用して環境から獲得した基礎学力を習得度として別に位置づけて定義した。認知能力には情報処理過程のうち2つの符号化（継時／同時）特性をとらえることが特徴。	認知能力（継続的／同時的／学習／計画）習得度（知識および読み・書き・算数といった基礎的学力）
多重知能理論（1983）／ガードナー	人はみなそれぞれ一組の多重知性をもっており，少なくとも8つの知的活動の特定の分野のどこかでは，才能を大いに伸ばすことができると提唱した。個性を生かす教育や，早期英才教育，補償的教育，全人的教育という今日的な教育観の前提になっている。	8つの多重因子：言語的知能，論理数学的知能，音楽的知能，身体運動的知能，空間知能，対人的知能，内省的知能，博物的知能

専門的な知識・技能や，テストでよい点を取るような狭い意味をイメージしがちである。しかし，むしろ総合的に人間が環境を理解するために知識や技能を利用して意味を与え（抽象的思考），問題を解決して（学習），新しい場面にも反応できる（適応），一連の過程も含んだより広く深い能力を表しているのである。だからこそ，教育の現場で子どもの知能について話題にするときには，どのような知能の要素に即して，いかなる立場で話をしていくのかについて，留意しなければならない。

2　知能理論

　表 10-2 は，「知能」という複雑なことばに含まれる要素の構成や説明の仕方について，代表的な理論をまとめたものである。

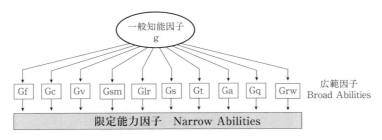

図 10-1　CHC 理論　知能の 3 層構造モデル（キャッテルとホーン，キャロルによる）

　また今日の学校教育や支援の現場で多く用いられる知能検査の背景にある理論として，CHC 理論がある。これは知能研究を引き継いだレイモンド・キャッテル（1905-1998）とホーン（1928-2006），そしてキャロル（1916-2003）の 3 人の心理学者の名前の頭文字から名づけられた。CHC 理論の概念は図 10-1 のように，知能をいくつかの因子に分けるという 20 世紀初めからの研究結果を統合した，知能の 3 層構造モデルとして示される。最上位に一般知能因子（general の「g」と表現される），中間層に複数からなる広範因子，最下層に広範因子をさらに分離した 70 以上の限定能力因子で構成される。

3　知能指数 IQ と偏差知能指数 DIQ

　知能は，学習・思考・問題解決などの行動をとおして，共通の物差しで示すことができる。この物差しが，知能指数（Intelligence Quotient：IQ）や偏差知能指数（Deviation Intelligence Quotient：DIQ）である。20 世紀初めにドイツの心理学者シュテルン（1871-1938）が IQ を考案した。IQ は生活年齢（chronological age：CA）に対する精神年齢（mental age：MA）の程度，つまり発達の割合で表わすのに対し，DIQ は同じ年齢集団（；母集団）の平均と比較したときに，ある個人の検査得点がどこに位置づくのかを示している。どちらも集団の平均を 100，標準偏差を 15 とする。

$$知能指数 IQ = \frac{精神年齢 MA}{生活年齢 CA} \times 100$$

$$偏差知能指数 DIQ = 100 + \frac{15 \times (個人の点数 - 同年齢の平均点)}{同年齢の標準偏差}$$

シュテルン

これらの数値は知能検査の結果から算出されるものではあるが、たとえばIQやDIQが120の子どもが3人いれば、この3人の状態は同じであるというわけでは決してない。IQもDIQも、いろいろな知能の側面の平均点であり、それを相対化して表現したものである。さらに、IQは、CAとMAが比例することが期待される子どもの場合では意味があるが、成人以降の知能水準を表現する場合には適さない。当然ながらこのIQやDIQは必ずしも固定的・恒常的なものではないし、IQやDIQはあくまでも知能の量的側面である。したがって高い‐低いといった簡素な比較だけでは、子どもを適切にとらえられてはいないということに注意すべきである。

● 2節　知能研究へのアプローチ

1　心理測定法的アプローチ

　これは、心理のはたらきを検査によって数値化して理解しようとする心理学の伝統的アプローチである。年齢に応じて知識や順応力、判断力などの知的課題（たとえば3歳なら「目・鼻・口を指し示す」「円を描ける」「2～3個の数字を復唱する」「いくつかの表情を見分けられる」などの課題）を配列し、その正答数から得点化する知能検査の元型を創案したのがビネー（1857-1911）である。当時の知能検査は政府からの要請により、学級集団内の学習効果を高めるために、一般児童と精神発達遅滞（いまの知的発達症）の児童との識別を目的としていた。その後、各国で翻訳され、日本へは鈴木治太郎（1875-1966）による「鈴木ビネー式」、田中寛一（1882-1962）による「田中ビネー式」として翻訳、導入された。このように知能検査が実用化されたのは20世紀からであるが、時代背景や生活様式の変化に合わせて改訂や改良が加えられて今日にいたる。

　知能検査には、個別式知能検査と集団式知能検査がある。現在では、個人の知能や認知的特徴をアセスメントして適切な学びの場の選択や、個々の知能の特性に合わ

ビネー

表 10-3　主要な知能検査一覧

分類	検査名（適応年齢）	概要
ウェクスラー式	WPPSI III（ウィプシ） 　幼児用（2：6-7：3） WISC V（ウィスク） 　児童用（5：0-16：11） WAIS IV（ウェイス） 　成人用（16：0-90：11）	個人の知能構造の把握を目的とする。個人面接法で10あまりの課題をおこなうが，最新版はタブレットを用いて実施できる。全検査／指標ごとにDIQを算出する。
ビネー式	田中ビネー式知能検査VI 　（2：0 - 成人） 鈴木ビネー式知能検査 　（2：2-23：0）	年齢級ごとの課題の達成状況から，精神年齢MAと一般知能としてのIQを算出。2024年に改訂された最新版の田中ビネー知能検査VIでは，従来のIQのほかに，新たにDIQも算出できるようになった（2〜13歳）。
その他	K-ABC心理・教育アセスメント 　バッテリーII（2：6-18：11）	4つの認知能力と基本的学習能力としての習得度を測定する。第2版はカウフマンモデルとCHC理論の両方から解釈できる。
	DN-CAS（5：0-17：11）	プランニング（P），注意（A），同時処理（S），継次処理（S）の4つの認知機能（PASS）の側面から子どもの発達の様子や認知の偏りをとらえる。
	DAM　グッドイナフ人物画知能 　検査（3：0-8：6）	人物画を書いてもらい，動作性知能を測定する。ことばを話せない子どもでも抵抗なく実施可能。

せた指導・支援法につなげることを目的とするため，個別式を用いることが多い。一方の集団式は，兵士の選抜や適性検査として用いられた歴史もあるが，倫理的な問題もあり，今日では学習環境や授業を改善する目的や，就学時健康診断（学校保健安全法に基づきおこなわれる小学校入学前の子どもの心身健康状態の把握）の際の簡易集団検査として実施される場合に限られる。

　現在の主要な知能検査（**表 10-3**）は複数あるが，なかでも，ユダヤ系アメリカ人のウェクスラー（1896-1981）が中心となって開発したウェクスラー式知能検査は，発達段階別に3種類あり，教育・医療・福祉など幅広い分野においてわが国に限らず世界的にもっとも用いられている。最新版のWISC Vではタブレットを使用して実施できるようにもなっており，被検査者の取り組みやすさの向上や，検査結果をスムーズに算出することも考慮されている。

・フリン（Flynn）効果　　世界の多くの地域で，また複数の知能検査において，IQ値が上昇し続けているという現象；フリン効果が確認されている。一方で，1970年代をピークにその後は下降しているという負のフリン効果について指摘する研究もある。これには，検査の学習効果，教育の質的変化，文化的背景などの理由があげられているが，確かなことは検証されていない。

第10章　●　知能と学力のしくみを学ぶ　　115

・クロスバッテリーアプローチ　知能検査は，それぞれ独自の知能理論を採用している。児童生徒のアセスメントでは，複数検査を同時期に実施することで知能のさまざまな側面を測定するクロスバッテリーアプローチという方法がある。被検査者の負担にならない範囲で，できる限り広く，知能の様相を把握することが大切である。

2　発達理論的アプローチ

　ピアジェやヴィゴツキーに代表される認知発達理論は，加齢に伴う知能の質的変化をとらえようとした。これは知能の発達過程が直線的に伸長するものではないことに着目したのが特徴である。できること，できないことを知り，その発達段階にあった活動や学習に取り組めるようにするのが望ましいこと，次の発達段階へ進むときは，急にステップアップするのではなく行きつ戻りつしながら徐々に移行していくこと，そして段階を移行するためには適切な指導や支援が欠かせないことなどが，この理論を根拠に示されている。

・シナプス刈り込み　生後間もない乳児の脳において，神経細胞（ニューロン）を結ぶシナプスはいったん過剰に形成された後，環境や経験に応じて必要なシナプスは強められて残り，不要なシナプスは除去されて，機能的な神経回路が作られる。これを「シナプス刈り込み」という（図10-2）。同じころ，髄鞘化といって，神経細胞が情報を伝える際に用いる軸索も髄鞘とよばれる脂質に富んだ膜で覆われることで，神経の伝達速度が格段に向上する。およそ5歳までにはおとなの90％程度（約1,200g）の脳の重さまでに達するといわれるが，その変化は量だけではなく，徐々に脳内が整理整頓されて効率的にスピーディーにはたらく脳へと質的にも変化する。

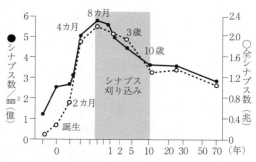

図10-2　ヒト大脳皮質におけるシナプス数の発達変化
（フッテンロッヒャーらによる）
シナプス密度●と全シナプス数○の発達変化を示す。

・知能のエイジング（流動性知能と結晶性知能）　CHC理論で紹介したキャッテルは，

成人以降の知能の変化も研究した。知能を流動性知能と結晶性知能の2因子に分けた場合，流動性知能は新しい場面に順応するための推論や単純な課題をすばやく正確に解く能力や記憶力であり，25歳前後をピークに65歳以降に顕著に衰退する。一方の結晶性

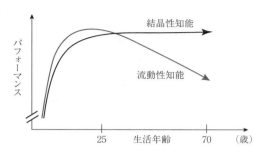

図 10-3　流動性知能と結晶性知能の発達的変化
（キャッテルによる）

知能は，言語力・知識・洞察力・創造力・社会適応力・コミュニケーション力など，教育・文化・経験の影響を受けて発達し，的確な判断が必要とされる場面ではたらき，高齢になっても維持されやすいことが見出されている（図10-3）。

3　情報処理的アプローチ

情報処理的アプローチは，1970〜1990年代における認知科学の主流となった方法である。人間をコンピュータと同様の情報処理装置であると見立てて，環境とどう相互作用しているのかを解明しようとするもので，主に記憶のメカニズムや認知処

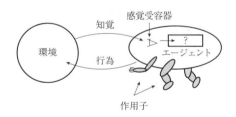

図 10-4　人間をコンピュータと見立てた模式図
（ラッセルによる）

理の特性にまつわる認知実験や行動観察が盛んに行われた。図10-4は，人間が環境から感覚受容器をとおして知覚した情報を，ソフトウェアに該当する行為の主体としての脳が何らかの処理をおこない，その結果は作用子（信号を何らかの効果や影響を与えるための機材に該当する器官のこと）を使った行為として環境に返していく，というしくみを模した図であり，当時の知能のとらえ方をよく反映している。

4　神経生理学的アプローチ

　医学領域において精度の高い検査機器の開発（EEG, MRI, CT, SPECT, DTI など）が進むと，知能を脳の形状やはたらきとの関連から知ろうとする研究が増えた。とくに，脳の一部が事故や疾患で機能しなくなった人の心理的・行動的特徴から調べる方法は比較的古くからおこなわれてきた。近年では，国内外の研究によってチャイルド・マルトリートメント（日本語では「不適切な養育」：身体的・性的・心理的虐待とネグレクトなどを包括する語）や，体罰が引き起こす脳機能と知能への影響が解明されつつある（図10-5）。脳の容積変化や，神経走行への大きなダメージは確認されてはいるが，脳の傷は決して治らないものばかりではない。その後の生活環境や体験，ものの見方や考え方が変わることで脳も変化する，可塑性という柔らかさをもっていることも示唆されている。

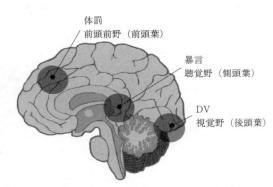

図 10-5　虐待・体罰によって変化する脳皮質容積変化
（友田明美の研究による。原図をもとに作図）MRI画像法による一般の人との比較で差があった部位を示す。

5　比較文化的アプローチ

　「知性がある人，頭がよい人はどのような人だと思うか？」とさまざまな国の大学生に尋ねた面白い研究がある。日本をはじめとしたアジア圏は比較的よく似ていて，共感性・社会性を重要な知能の側面だとする傾向があり，なかでも韓国は情報処理のスピードも重視する。一方で，カナダやメキシコではユーモアや対人能力，北アメリカでは知識の把握と処理，成績のよさ，勘の鋭さなどが重視される傾向があるという結果である。国や地域，文化，民族など社会背景や生活様式によって，共通するところもあれば，異なるとらえ方があることも理解をしておきたい。

6 比較心理学的アプローチ

人間と霊長類や種々の動物，男性と女性，特定遺伝子の有無，そして人工知能などと，心理実験や精密な行動観察を用いて比較し，とらえようとするアプローチである。さらに近年は「脳をもたない植物にも知能はあるか？」との議論も展開している。これらの知能をめぐるさまざまな比較研究は，倫理的，法的，経済的，社会的，教育的，研究開発的な論点を含みながら，これから先の時代でも続く。しかしいずれの研究も，私たち人間の知能とは何かという問いに，最終的にはたどり着くものなのである。

● 3 節　学力

1 学力の概念と測定

変化の激しいこれからの社会を生きる子どもたちには，「豊かな人間性」「健康と体力」と並んで「確かな学力」を身につけることが期待される（文部科学省）。この「確かな学力」には，知識や技能はもちろんのこと，加えて学ぶ意欲や自分で課題を見つける，自ら学ぶ，主体的に判断行動する，よりよく問題解決する資質や能力まで含まれる。この広義の学力は，学校教育段階だけでなく生涯教育においても重要なものであろう。

2 学力の測定

学校教育法では，学力の3要素として，「知識・技能」「思考・判断・表現」「主体的に学習に取り組む態度」が定められており，評価の軸となっている。さらに主に学力検査などによって，学習の結果としての到達度の把握もおこなわれる。学力検査には標準化されている標準学力検査（相対評価法・絶対評価法の両方を用いる小学校では主要4教科，中学校では5教科）と，教師が作成する自製の検査とに分けられる。全国的・国際的に広く行われる，①全国学力到達・学習状況調査（文部科学省と国立教育政策研究所），②生徒の学習到達度調査PISA（OECDによる），③国際数学・理科教育動向調査TIMSS（IEAによる）などは，国内外の教育指導の充実の程度を把握したり，学習状況の改善に役立てたりする目的も含まれている。

3　知能と学業成績との相関

　知能と学業成績との相関関係については，複数の研究結果が相関係数0.4〜0.6の範囲にあることを示している。教科や課題によっても関連の強さは異なる。同じ知能検査でも，言語性検査項目のほうが非言語性検査項目よりも相関は高い。また小学生よりも中高生のほうが相関は高い。

　かつては，IQから期待される学業成績の高低で「オーバーアチーバー（知能指数に比較して学業成績がよい場合)」や「アンダーアチーバー（反対に期待されるほど学業成績がよくない，学業不振)」という表し方をしていたこともあるが，相関係数の範囲からとらえると，そもそも，IQが高ければ学業成績が期待できるというほど強い関係とはいえないのが実情である。このことを前提とせず，「IQが高いのにこの子の成績がよくないのはおかしい」というように決めつけるのは，子どもの本質を見誤る可能性があり，危険なことである。

4　知能と学力の関係に影響を及ぼすもの

(1) 遺伝と環境　　知能と学力に，遺伝と環境がそれぞれどれくらい影響を与えているかという議論と研究（行動遺伝学など）は古くからあるわけだが，いずれにしても"ほどほどに"影響があることを示しているにとどまる。子どもの発達段階によっても影響の受け方が違うこと，あるいは研究の手法や評価方法によっても結果が異なるなど，単純な因果関係としてとらえられるものではないからこそ難しい。このような問題に対して，双生児研究（例：遺伝因子と環境因子が共有されている一卵性双生児と，遺伝因子は半分だが環境因子は一卵性と等しい二卵性双生児の類似性を比較するなど双子を対象とする研究）などの今後の発展が，われわれにこれらの答えを提供してくれるだろうと期待する。

(2) 早期教育と教育年数　　早期からの幼児教育が知能向上を促進することは実証されているが，その効果は限定的とされている。それよりも教育を受けた期間の長さが，知能水準を押し上げ，生涯にわたって維持させる要因となる。就学期間が1年伸びるごとにIQが1〜5ポイント増加することを示唆した研究結果もある。

(3) 個別の特徴　　表10-4は，知能・学力の把握や教育上配慮が必要な児童生徒の特徴をまとめたものである。児童生徒の個別の特徴や背景を十分に加味して，学力の把握や教育がなされるべきである。

表 10-4　知能・学力の把握や教育上配慮が必要な児童生徒の特徴

●障害の診断や傾向がある
・知的発達症（IDD：Intellectual Developmental Disorder）
・限局性学習症（SLD：Specific Learning Disorder）
・その他の発達障害・精神障害・身体障害・慢性疾患など
●長期欠席による学習機会の損失がある
・不登校の状態にある期間がある
・入院・加療などで学習できなかった期間がある
・選択してホームスクールやフリースクールなどで学んでいた期間がある
●その他
・日本語以外の言語が母語であるが日本語で教育を受けている
・異なる教育課程や海外の教育環境で学んだ後，帰国した
・ギフテッド（突出した能力が認められるが，通常の学校の学習環境になじめない子どもも一部いる）

● 4 節　これからの時代の知能と学力

1　Society 5.0 と STEAM 教育

　2016 年，内閣府はこれからめざすべき未来社会の姿として Society 5.0 を提唱した（図 10-6）。この時代を生き抜いていくためには，自ら課題を発見し解決手法を模索する能力・資質が重要だと考えられている。これらを育てていくために，教科や分野を横断する学び方による STEAM 教育（科学 Science，技術 Technology，工学 Engineering，芸術・リベラルアーツ Art，数学 Mathematics の 5 分野を統合的に学ぶ教育）の有効性や可能性が見直されているが，新しい時代の学び方や教育方法の導入には，子どもにかかわるおとなの意識や知識・技術のアップデートも必要である。

2　非認知的能力（心の知能指数 EQ と社会情動的コンピテンス）

　知能の認知的側面への偏重に対して，社会情動的な側面の重要性もあらためて見直されている。2000 年にノーベル賞を受賞したアメリカの経済学者ヘックマンは，就労状況，就労形態，年収あるいは健康といった人生の幸せや成功を予測しうる主要な要素を総称して「非認知的能力」ということばで表現した。このような考えは決して新しいものではなく，1920 年代のソーンダイクや，1970 年代のガードナーらの研究からも示唆されていた。それを再び議論の俎上にのせ

第 10 章　●　知能と学力のしくみを学ぶ　　121

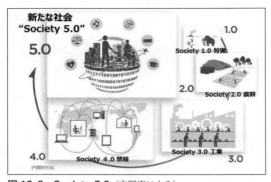

図 10-6　Society 5.0（内閣府による）
サイバー空間（仮想空間）とフィジカル空間（現実空間）を高度に融合させたシステムにより，経済発展と社会的課題の解決を両立する人間中心の社会（内閣府）。

たのは，1995年，アメリカの心理学者ゴールマン（1946-）による「心の知能」論であり，IQに対してEQ（Emotional Intelligence Quotient），いわゆる社会への適応力に重きを置くとらえ方であった。当時は測定の難しさや，結果の悪用の事例から多くの意見や批判を浴びたが，最近になって再び「社会情動的コンピテンス」という概念で，自己と他者・社会とを結びつける重要な視点として再整理されることになった。心身の健康や成長，個人 - 社会関係を良好に保つ領域が重視され，個別最適な教育のあり方や，早期からの質の高い幼児教育，インクルーシブ教育を推進するなかで，今後なくてはならない中心的な概念となるだろう。

3　《そろえる》教育から《伸ばす》教育へ

　知能と学力のしくみを学ぶことは，すべての子どもたちの可能性を最大限に引き出すことにつながる。これからは多様性を認め，多様な幸せ（ウェル・ビーイング）をめざす社会のなかで，知能や学力の概念そのものも見直されていくはずである。それとともに，教育のしくみや方法も，一律にみんなが同じように学ぶ《そろえる》教育から，子ども一人ひとりの特性や生活環境に応じた《伸ばす》教育への転換が始まっている。

◆参考文献

日本心理学会 認定心理士資格認定委員会（編）　実験・実習で学ぶ心理学の基礎　金子書房　2015
村上宣寛　IQってホントは何なんだ？　日経BP社　2007
臨床発達心理士認定運営機構（監修）　本郷一夫・田瓜宏二（編著）　認知発達とその支援　ミネルヴァ書房　2018

第11章 教育測定と教育評価を学ぶ

● 1 節　教育評価とは

1　教育測定と教育評価

　測定とは，何らかの事象を数量で表すことである。そして，評価は特定の基準に照らして，測定の結果を判定することである。教育活動において，教師は児童生徒が知っていることやできることを知り，教育の成果を評価したり，教育内容を決定したりする。これを教育評価という。しかし，児童生徒の頭のなかを直接測定することはできない。教育の成果を測定したり，評価したりすることは，身長や体重の測定ほど単純ではない。

　20世紀の初め，アメリカの心理学者・教育学者ソーンダイク（1874-1949）らにより，教育に客観的な測定を導入することで，教育の合理性や教育効果を高めようとする教育測定運動が展開された。この運動は1905年にフランスの心理学者ビネー（1857-1911）らによって知能検査が開発され，知能の客観的な測定が可能になったことなどに影響を受けて広がった。ソーンダイクは「すべて存在するものは，何らかの量において存在する」と述べ，学力など教育に関する事象は測定可能であると主張した。

　1930年代に入ると，数量的測定に偏りがちだった教育測定は批判されるようになり，教育目標に関連づけて，その達成度を評価する教育評価という考え方が台頭してきた。教育測定運動は，教育評価運動という大きな流れに吸収された。

　そして，21世紀を迎えた現代では，何を測定するか

ソーンダイク

第11章　● 教育測定と教育評価を学ぶ　　123

という問題があらためて問われている。現在のわが国では，2017年の学習指導要領の改訂を受けて，指導と評価の一体化が図られ，児童生徒一人ひとりの学習の成立を促すための評価という視点がいっそう重視されるようになった。教育評価を教師の指導改善につなげていくことも強調されている。

2　教育評価の目的

　教育評価は，教育の目標に照らして，望ましい教育成果を得ることができたかを判定するものである。教育という目標を追求する過程において，教育課程を編成し，実施し，評価して改善を図る一連のPDCAサイクルのなかに位置づけることが重要とされている（図11-1）。PDCAサイクルとは，Plan（計画）→ Do（実行）→ Check（評価）→ Action（改善）の4段階を指し，それを繰り返すことによって，教育実践を継続的に改善する。それにより，よりよい教育を実践することにつなげることが教育評価の最終的な目的である。よりよい教育につなげるための教育評価には，次のような7つの側面が含まれる。

①国や地方による教育施策の検討をおこなう。

②学校のカリキュラムや学校運営についての検討をおこなう。

③授業など教師による指導計画や指導方法の検討をおこなう。

④学習者が自らの学習活動を点検し自己調整する。

⑤入学者選抜・学級編成などの資料を得る。

⑥家庭や地域に対して情報を提供し，問題点を共有し，連携を図る。

⑦指導方法や教材の開発をするための研究をする。

　教育評価というと，学習成果の評価や人格発達，知能，適性

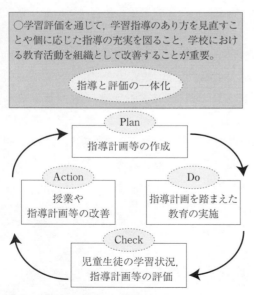

図11-1　学習指導と学習評価のPDCAサイクル
（文部科学省による）

など学習者個人の評価を思い浮かべてしまうが，それだけではなく，教師の授業方法，教材，教具，施設などの評価，また，家庭環境や国や社会の教育制度，行政の評価等も教育評価の重要な一面である。たとえば，2000年に始まったOECD加盟国が参加する「PISA（Program for International Student Assessment）」は，各国の子どもたちが将来生活していく上で必要とされる知識や技能が，義務教育修了段階において，どの程度身についているかを測定することを目的としており，国際的な教育評価の試みのひとつである。2003年に実施された第2回PISAの結果，日本の順位が大幅に下落したことが話題となり，それまで実施されてきた「ゆとり教育」が見直され，2009年の学習指導要領の改訂につながった。教育評価が国の教育施策に影響を与えた例である。

3 これからの教育評価

デジタル化が進む現代社会では，知識をもつことだけではなく，その知識によって何ができるかが問われる。知識に基づいて推測し，教科の境界を超えて思考し，新たな状況で知識を創造的に適用することが求められている。しかし，これまでの教育システムでは，現代社会の要求に合致した教育を実施しているとはいいがたい。現代社会の要求に合致するように教育システムを改革するには，適切な教育評価が重要になる。テストの内容や方法は，教育の優先事項を示し，教育の未来に大きな影響力をもつ。教師も児童生徒も学習をテストの内容や方法に合わせようとするので，テストを変えなければ，教育を変えることはできない。新しい時代の求める知識やスキルを評価することは容易ではないが，その挑戦は始まっている。

PISAを実施しているOECDでは，「研究・開発・革新プログラム」を立ち上げ，革新的評価プラットホームの開発に乗り出している。このなかで，「測定が容易なもの」だけでなく「大切なこと」を測定すべきであるとして，また，次世代評価は真正の文脈において能力を示すことを可能にし，子どもが新しいことを学ぶ方法を評価すべきであるとして，多様な評価の可能性を探っている。2012年からは，問題解決能力，協同問題解決能力，グローバル・コンピテンス，そして2022年には，創造的思考など学際的領域のコンピテンスの測定を試みている。解答形式も多項選択方式や自由記述式だけではなく，コンピュー

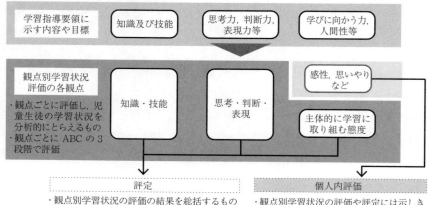

図 11-2　各教科における評価の基本構造（文部科学省による）

タエージェントとやり取りしながら問題を解決する方法など，多様なものが採用されている。コンピュータを使用したデジタル評価を導入することによって，児童生徒の応答だけでなく，活動過程も記録することができ，新たな評価の可能性を探っている。

　わが国では，2017年の学習指導要領の改訂で，学習評価の重要性が強調されている。学習評価は，児童生徒の学習改善につながるものとしていくことや，教師の指導改善につながるものとしていくなど，指導と評価の一体化をめざしている。評価方式についても，学習指導要領に定める目標に準拠した評価（絶対評価）や個人内評価をおこなうこととしている（図11-2）。このような評価の変化は，新しい学力観による学力の測定をめざしており，教育における評価の役割の重要性の認識が反映されたと考えられる。しかし一方で，測定対象となる構成概念が不明瞭な上，すでに飽和状態となっている教師の負担を増すことにつながるという批判もある。

● 2節　学習評価の方法

1　学習評価の基準による分類

　評価をおこなうには，「何を評価するか」という質的な判断の根拠となる規準と，「目標に対してどの程度であるか」という量的な判断の根拠となる基準の2つが必要となる。両方を含めて評価基準という。

　ここでは，とくに学習成果を評価する学習評価について述べる。評価基準によって，教育目標に対しての到達度を評価する絶対評価，所属する集団内の相対的な位置を示す相対評価，特定の個人内の差異に注目する個人内評価に分類できる。それぞれの評価の特徴は**表11-1**に示す。

　戦後，わが国では，教師中心の戦前型絶対評価を排して，客観性重視の相対評価がおこなわれた。しかし，子どもの個性化教育を推進する風潮が高まり，1980年の指導要録の改訂において，観点別学習状況の評価に「絶対評価」が導入されるようになった。さらに，2001年からは，観点別評価だけでなく「評定」も絶対評価でおこなわれることになった。ただし，文部科学省では戦前の絶対評価と区別する意味で，「目標に準拠した評価」という表現が用いられている。

表11-1　評価基準による学習評価の分類

	評価基準	長所	短所	適用場面
絶対評価	・教育目標に対しての達成度	・学習者の目標達成度がわかる ・個に応じた指導計画・指導法を検討できる	・評価が主観的になりがちである	・指導要録 1980年から観点別学習状況 2001年から「評定」
相対評価	・集団内の得点分布による位置づけ	・集団内の順位つけに適している ・客観的な評価を提示できる	・学習者の目標達成の程度を知ることができない ・学習者の意欲や努力を適切に評価できない ・準拠集団によって基準が異なる ・小集団では，正規分布の信頼性が確保できない	・標準学力検査 ・入学試験
個人内評価	・同一個人についての過去の成績と比較する縦断的評価 ・同一個人についての他の教科と比較する横断的評価	・学習者の進歩の状況を知ることができる ・意欲や努力が評価できる	・評価基準の設定が難しい ・個人間格差の拡大につながる ・解釈が独善的になる恐れがある	・特別支援活動

第11章　● 　教育測定と教育評価を学ぶ　　127

2　学習評価の機能による分類

　教科学習などの学習評価においては，評価の目的と時期が重要である。アメリカの教育心理学者ブルーム（1913-1999）は，教育評価を目的と時期によって，診断的評価，形成的評価，総括的評価の3つに分類した。図11-3は，教育心理学者の南風原朝和が示した3つの評価と学習指導との関係である。

　授業や単元の指導に先立っておこなわれる診断的評価は，ここまでの児童生徒の学習水準やレディネスを把握し，これからおこなう学習目標を具体化していくための診断をおこなう。また，学級全体の傾向を把握し，学習目標に到達するための指導計画に反映させることも重要である。授業によっては，到達度別のクラス分けを実施してから，授業を始めることもある。学力テストや，これまでの授業内容の成果などを基に評価がおこなわれる。

　形成的評価は，学習活動の途中でおこなわれるもので，授業計画の見直しをおこなったり，児童生徒自らが自分の学習の不足部分を把握したりすることに役立てるものである。授業が計画どおりに進行しているか，また，児童生徒がどの程度理解しているか確認し，展開中の授業の改善を図る。小テストや課題，作品，さらに児童生徒の行動観察をとおして，児童生徒の理解の程度を把握する。また，児童生徒自身の自己評価も重要である。形成的評価においては，教育目標に対して，どこまで到達・習得しているかを判断する絶対評価を用いることが多い。

　総括的評価は，授業や単元の後，あるいは，学期末，学年末など学習活動の

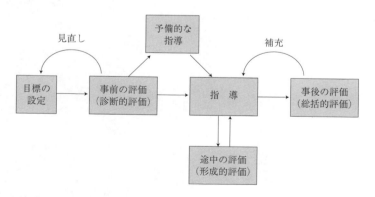

図11-3　3つの評価と指導の関係（南風原朝和による）

節目におこなうもので，それまでの学習内容の習得状況を総括的に評価する。児童生徒にとっては，達成目標をどの程度修得できたか知ることができ，次の目標を立てることができる。また，教師にとっては計画段階の目標の達成状況を把握し，指導計画や指導法を改善することに役立てることができる。目標未達成の児童生徒がいた場合には，補習の計画などを立てることも必要となる。総括的評価には，教師作成のテストや標準化された学力テストが用いられるだけではなく，児童生徒の自己採点が用いられることもある。また，児童生徒からの学習計画に対する評価が実施されることもある。

● 3 節　教育評価情報の収集

1　観察

　教師が児童生徒を観察することによって，情報を得る。児童生徒の行動のありのままを観察するので，友人関係や社会性などがわかりやすい。また，表情や活発さなどを観察することにより，主体的に学習に取り組む態度の評価につながることが期待される。ただし，挙手の回数やノートを取っているかなど，児童生徒の行動面の傾向が，一時的に表出された場面をとらえるような評価にならないように注意する必要がある。細かい観察力が要求される。

2　面接

　教師が児童生徒や保護者に直接会って，話を聴きながら情報を得る。相手の反応を見ながら内容を聴くことができるため，問題を詳細に知ることができる。また，相手の気持ちを配慮する必要があるときに有効である。児童生徒の意向を教師に伝えることもできるので，教師と児童生徒のコミュニケーションの手段として使用することもできる。家族環境，成育歴，現在の心境などについて情報を得ることや，進路相談や悩み相談などは，面接が有効とされる。

3　心理検査

　心理検査は，測定したい心理的概念について理論的に研究調査され，統計的に信頼性と妥当性が確認されている標準化されたテストをいう。知能検査や性

第 11 章　● 教育測定と教育評価を学ぶ　　129

格検査，適性検査などがある。

(1) 知能検査　知能検査は，第10章で述べられているとおり，知的能力や思考力の発達年齢を測定することができる。検査内容から言語式検査，非言語式検査，その混合検査に分けることができる。また，実施方法により個別式のものと集団式のものがある。

(2) 性格検査　性格検査は，児童生徒の性格や情緒面での特徴を測定するものである。質問紙法，投映法，作業検査法に分けることができる。一般に，学校で実施されているのは，質問紙法の性格検査であることが多い。学校でおこなわれる性格検査については，検査される個人の人権を守るという立場からの批判も多い。実施する場合には，事前に評価の目的を十分に説明し，承諾を得た上で実施しなければならない。また，個人情報の保護と情報共有について十分な注意を払わなければならない。性格検査は，測定方法により大きく次の3つの種類がある。

①質問紙法：質問紙法は，多くの質問に対し「はい」「いいえ」で回答する形式のものである。実施や採点が比較的容易で，いつ誰が実施しても同じ結果を得ることができる。たとえば，矢田部ギルフォード性格検査（YG性格検査）は，攻撃性や協調性など12の性格特性について標準化された得点を得ることできる。図11-4 は，YG性格検査の結果の例である。

②投映法：投映法は，あいまいな図形や文章などに対する反応から性格を診断する方法である。検査者の高度な専門性や技能が必要とされるため，学校現場ではスクールカウンセラーなどがおこなうことが多い。10枚のカードに印刷されたインクのしみに対して何に見えるかを問うロールシャッハ・テストや，

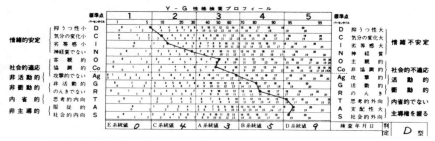

図11-4　YG性格検査結果のプロフィール例

「私と先生は……」などの書き出しだけの文の続きを完成させる文章完成テスト（SCT）などがある。

③作業検査法：作業検査法は，一定の作業をおこなわせて，性格を判断しようとするものである。1桁の数字の加算という単純作業を繰り返させる内田クレペリン検査が代表的である。

(3) 適性検査　進路指導において，総合的な学力の水準だけでなく，職業への適性を測定する職業適性検査が用いられることがある。適性検査の結果によって，機械的に職業や進路を決定するのではなく，児童生徒が自己理解を深める上でのひとつの資料とすることが望ましい。

4　学力テスト

学力を評価するため，教師が作成するテストや標準化された学力テストが用いられる。標準化された学力テストは，全国的な児童生徒集団の得点分布のなかで，個人の学力の水準を，学力偏差値などを使用して知ることができる。OECD加盟国が参加するPISAや，文部科学省が2007年から実施している全国学力・学習状況調査も，標準化されたテストの1例である。

5　ポートフォリオによる評価

ポートフォリオとは紙ばさみのことを意味し，もともとはデザイナーなどクリエイターとよばれる人たちが，自分の業績を表すための作品をまとめたファイルのことを指した。学校教育におけるポートフォリオとは，児童生徒が学習過程で残したレポート，テストの答案用紙，作品，作文，活動の様子を記録した動画や写真など，児童生徒の学習の足跡を示す資料を集めたファイルのことをいう。

児童生徒は自分のポートフォリオをもとに，教師とともに学習目標や評価基準を共有しながら，対話をとおして自分の学習を振り返り，成果を確認し，これからの学習計画を立てる。教師にとっては，個々の児童生徒を多面的に，そして，時系列的な成長を把握することができる。

6　パフォーマンスによる評価

児童生徒に対して，知識や能力を使いこなすことを求めるような評価方法で

ある。知識や能力を「使いこなす」とは，単に何かを知っているだけではなく，それを活用，応用し，統合することである。論説文やレポート，展示物といった完成作品（プロダクト），スピーチやプレゼンテーション，協同での問題解決，実験の実施といった実演（狭義のパフォーマンス）を評価するものである。

7　ルーブリック

　ルーブリックは，「目標に準拠した評価」（絶対評価）のための「基準」作りの方法論であり，児童生徒が何を学習するのかを示す「評価規準」と，児童生徒が学習到達しているレベルを示す具体的な「評価基準」をマトリクス形式で示す評価指標である。成功の度合いを示す尺度と，それぞれの尺度にみられるパフォーマンスの特徴を説明する記述語で構成される。ルーブリックの例を**表11-2**に示す。パフォーマンスによる評価では，成功の度合いが幅広く，評価が難しい。そこで，ルーブリックを用いた評価がおこなわれるようになってきた。

　ルーブリックがあると，達成水準が明確化され，客観性が高い評価をおこなうことができる。また，児童生徒の最終的な到達度だけなく，現時点での到達度を把握することができ，成長を図ることができる。児童生徒が授業や単元が始まる前にルーブリックを確認することで，学習へのねらいを明確化することができ，意欲を高めることにつながることが期待される。

表11-2　ルーブリックの例〔神戸山手女子中学校高等学校，中学校英語（読む）より抜粋〕

		到達度			
		S	A	B	C
評価の観点	関心・意欲・態度	外国語の背景にある文化を主体的に理解して学ぼうとし，自分の考えを形成しようとする姿勢がみられる。	外国語の背景にある文化を主体的に理解して学ぼうとする姿勢がみられる。	外国語を読むことを通して，必要な情報を得ようとする姿勢がみられる。	外国語を読むことを通して，必要な情報を得ようとする姿勢に欠ける。
	表現力	短く簡単な文章を流暢に，正確な発音で音読することができる。その文章に込められた感情を正しく理解し，音読の際に正確に表現することができる。	短く簡単な文章をある程度流暢に，聞き手が受容可能な発音で音読することができる。音読の際にも文章に込められた感情を表現する努力をしている。	短く簡単な文章をある程度ゆっくりであれば，音読することができる。文章に込められた感情は理解するが，それを表現することがやや不十分である。	短く簡単な文章でもスムーズに音読することができない。文章に込められた感情があまり理解できていないため，平板な調子の音読になっている。

● 4 節　よく使用される統計の意味

1　集団の特徴をとらえる

　集団の特徴を表わす数値として，代表値と散布度の2つがある。平均値は，測定値の総和を総度数で割ったもので，代表値としてよく使用される。他の代表値として，もっとも度数の多い測定値を示す最頻値や，測定値を値の大きい順に並べた場合に中央に位置する測定値を意味する中央値がある。

　集団の特徴を示すためには，代表値だけでは困難であり，散布度とよばれる測定値のばらつき具合を示す数値が必要となる。平均値を代表値とした場合に用いられるのが標準偏差である。標準偏差は，個々の測定値と平均値の差を2乗させたものの総和を総度数で割り（分散），その平方根を求めたものである。標準偏差は，その値が大きいほど，測定値のばらつきが大きいことを示している。

2　集団における個人の位置づけをとらえる

　測定値を度数分布曲線に表した場合，自然現象の多くは正規分布を示す。教育測定においても，正規分布を仮定することが多い。正規分布は，平均値の付近に測定値が集積し，平均値を中心にして左右対称の分布を示す。また，平均値と最頻値，中央値が一致する。

　正規分布を前提として，集団のなかで個人が占める位置を示す指標のひとつが偏差値である。個々の測定値が平均値とどの程度離れているかという指標として，標準偏差の値を単位として考える。このとき，平均を50，標準偏差を10としたものが偏差値で，図11-5に示すようなかたちとなる。偏差値は次の式によって求められる。偏差値を用いることで，集団のなかでの個人の相対的位置を簡便に知ることができる。

$$偏差値 = \frac{（個々の測定値 - 平均値）}{標準偏差} \times 10 + 50$$

第 11 章　●　教育測定と教育評価を学ぶ　　133

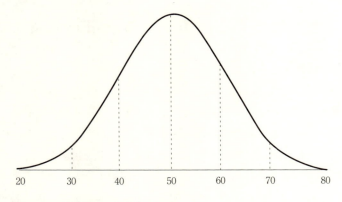

図11-5　偏差値の分布曲線

◆参考文献

河村茂雄・武蔵由佳（編著）　教育心理学の理論と実際―発達と学習の効果的支援をめざして―　図書文化社　2019

熊谷龍一・荘島宏二郎　心理学のための統計学4　教育心理学のための統計学―テストでココロをはかる―　誠信書房　2015

経済協力開発機構（OECD）（編著）　西村美由起（訳）　21世紀型コンピテンシーの次世代評価―教育評価・測定の革新に向けて―　明石書店　2024

子安増生・田中俊也・南風原朝和・伊東裕司　ベーシック現代心理学6　教育心理学〔新版〕　有斐閣　2003

土屋明夫（編著）　発達と学習―教育場面での心理学―　八千代出版　2005

藤田主一・楠本恭久（編著）　教職をめざす人のための教育心理学　福村出版　2008

藤田主一・齋藤雅英・宇部弘子（編著）　新 発達と教育の心理学　福村出版　2013

第12章 不適応行動と問題行動を学ぶ

● 1 節　適応と不適応

　私たちが心身ともに健康で幸せに過ごすためには，個人が自身を取りまく環境とうまく調和していることが必要である。個人と環境との調和が取れており，社会的にも機能している状態にあることを「適応」という。一方，個人の心理学的特性や行動パターンが環境とうまく適合しない状態や，環境のなかのストレス因に個人がうまく対処できない状態にあることを「不適応」という。不適応を生み出す原因についてはさまざまなものがあるが，本章では，欲求不満とストレスを取り上げ，また最後に，学校場面での不適応行動について触れることにする。

● 2 節　欲求不満と不適応

1　欲求とは

　欲求とは，個体の生理的，心理的状態が何らかの意味で不足したりバランスを崩したりしたときに，それを補おうとして生じるものである。

　私たちは，環境が変化しても個体内の状態を一定の状態に維持しようとする自動調整機能をもっており，これをアメリカの生理学者キャノン（1871-1945）はホメオスタシスと名づけた。たとえば，体内の水分が不足すると，体内を一定の水分量に維持しようとするホメオスタ

キャノン

シスのはたらきにより，水分を摂りたいという欲求が生じる。これは生命の維持に不可欠な欲求であるため，生理的欲求（一次的欲求）とよばれる。

また，生理的欲求以外にも，私たちは日常生活においてさまざまな欲求を感じている。たとえば，愛情を得たい，社会で認められたいといった欲求は，社会生活のなかで獲得される欲求であるため，社会的欲求（二次的欲求）とよばれる。

2 基本的欲求

アメリカの心理学者マズロー（1908-1970）は，このような欲求を人間が行動を起こす動機になると考え，人間の基本的欲求を以下の5つの段階にまとめている（図12-1）。

(1) 生理的欲求　生理的欲求には，ホメオスタシスによる欲求など身体にかかわる欲求が含まれる。これらの欲求は5段階の欲求のなかでもっとも強いものである。

(2) 安全の欲求　生理的欲求が満たされると，新しい欲求が出現する。安全の欲求とは，無秩序や暴力，病気などの脅威や危機にさらされることのない平和で安定した家庭や社会を求める欲求である。

(3) 所属と愛の欲求　生理的欲求と安全の欲求がある程度満たされると，所属と愛の欲求が現れてくる。これは，他者や社会とのつながりを求める欲求である。

(4) 承認の欲求　社会のなかで，他者から自分の考えや存在を認められたいという欲求である。これらの欲求は，評判，地位，優越など他者との関係に関する願望と，強さ，達成，能力など自己評価に関する願望に分けることができる。

(5) 自己実現の欲求　自己実現とは，その人が潜在的にもっているものを実現しようとする傾向であり，よりいっ

図12-1　欲求の階層（マズローによる）

そう自分らしくあろうとする願望である。自己実現の欲求は、これまでの欲求が満たされたのちにはじめて出現するといわれている。

基本的欲求は階層的なものであり、先の段階の欲求が満たされることで次の段階の欲求が現れる。そして、より高い段階の欲求を満たすほど、心理的に健康で適応的な状態にある。

3　欲求不満

欲求はつねに満たされるわけではなく、さまざまな障害によって阻止されることもある。欲求を阻止する要因には、物理的要因（気象や地理的条件など）、個人的要因（能力、病気、身体的条件など）、社会的要因（制度、習慣、人間関係など）、経済的要因（金銭）などがある。たとえば、空腹を満たしたいが金銭がなくて買えない、近くに食料を買える店がない、病気で食事を制限されているなどの状況によって欲求は阻止される。このように、欲求の充足が、何らかの障害によって妨害されている状況、また、その結果として生じる不快で緊張した状態のことを欲求不満（フラストレーション）とよぶ。

4　葛藤

欲求不満を引き起こす状況のひとつに葛藤（コンフリクト）がある。葛藤とは、同時に満足させることができない2つ以上の欲求が存在するときの心理状態をいう。そして、葛藤がうまく解決できない場合、欲求不満となる。ドイツの心理学者レヴィン（1890-1947）は、葛藤を次の4つのタイプに分類している（図12-2）。

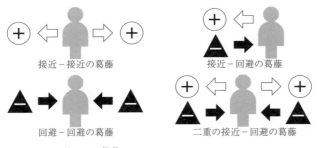

図12-2　レヴィンの葛藤

第12章　●　不適応行動と問題行動を学ぶ

(1) 接近–接近の葛藤　　2つのプラスの価値をもつ目標の間に生じる葛藤である。たとえば，ショートケーキを食べたいがチーズケーキも食べたいというように，どちらかひとつを選ばなくてはならないが，どちらも欲しい，という状況がこれにあたる。

(2) 接近–回避の葛藤　　ひとつの目標が，プラスの価値とマイナスの価値を同時にもつときに生じる葛藤である。たとえば，おいしいケーキを食べたいが，アレルギーがあるので食べてはいけないというように，欲しいものがあるのに近づいてはいけない，というような状況を指す。

(3) 回避–回避の葛藤　　2つのマイナスの価値をもつ目標の間に生じる葛藤である。たとえば，学校に行くのは嫌だが，家にいるもの嫌だといった場面のように，限られた選択肢のいずれも避けたい，という状況がこれにあたる。この状況において，選択から逃れるための他の手段がない場合には，学校も家も回避するために家出をするなど，より不適応を引き起こしやすくなる。

(4) 二重の接近–回避の葛藤　　プラスの価値とマイナスの価値をもつ目標が同時に2つ存在するときに生じる葛藤である。たとえば，居住地を選ぶとき，通勤には便利だが環境のよくないところと，環境は抜群だが通勤には不便なところのどちらにするかというような状況である。

5　防衛機制

　欲求不満を体験しても，人間は無意識のうちに緊張や不安から身を守り，自分を取りまく環境に適応しようとする。このように心理的に安定を保とうとするはたらきのことを防衛機制という。防衛機制にはさまざまなものがある（表12-1）。

　防衛機制は，現実をありのままに受け入れるとダメージが大きすぎる体験から心を守る大切なはたらきであり，健康な心のはたらきのメカニズムである。

● 3節　ストレスと不適応

1　ストレスとは

　ある刺激により個体に負荷が加わったときに生じる反応を「ストレス反応」，

表 12-1　さまざまな防衛機制とその例

防衛機制	内容	例
抑圧	不都合あるいは不快な体験を無意識のなかに閉じ込め，思い出せないようにすること。	ある人からいやな目にあった経験やそのための憎悪をまったく忘れている。しかし，その人と似た特徴をもつ人のことをなぜか怖いと感じる。
投影	抑圧した不快な感情や衝動を他の人がもっているように思うこと。	嫌っている相手のことを嫌いと意識できず，かわりに相手が自分のことを憎んでいるのではないかと思い，恐れたりする。
同一視	自分が望んで得られない欲求を満たしている他者を自分のように思うこと。	低学歴であることに劣等感を感じる親が子どもを高学歴にすることで，自分の劣等感を解消しようとする。
合理化	自分の行動を正当化するために，もっともらしい理由をつけること。	イソップ物語の「すっぱいブドウ」：好物のブドウに手が届かないキツネが，あれはすっぱくておいしくないブドウだからほしくない，と負け惜しみをいう。
反動形成	本来の意識と正反対の行動や態度をとること。	好きな異性にかえって意地悪な態度を示したり，憎んでいる相手に献身的に尽くしたりする。
退行	耐えがたい状況に直面したときに，現在の自分よりも幼い発達段階へ戻ること。以前の発達段階でみられたような未熟な行動や未分化な考え方をすること。	年下の弟妹ができた上の子が赤ちゃんがえりをして母親に甘える。病気になって急に依存的に振る舞う。
分離	感情が思考や行動と切り離されること。恐怖や悲哀など，非常につらい感情が抑圧されている状態といえる。	耐えがたい体験について話をしているのに，淡々としていて，何も感じていないようにみえる。
補償	自分の不得意な面など，コンプレックスを，他の面で補おうとすること。	勉強に劣等感があるので，得意なスポーツに打ち込もうとする。
昇華	反社会的な欲求を，社会的により受け入れられやすい他の価値のある行動に置き換えて満たそうとすること。	社会への反抗心を音楽や芸術活動によって表現する。

ストレスを引き起こす要因のことを「ストレッサー」という。たとえば，暑さや過重労働といった個体に対して負荷となる刺激はストレッサーにあたり，身体の症状，不安や抑うつ，逃避行動などはストレス反応にあたる。ストレスは多義的な日常語となっており，一般的にストレスというときは，ストレッサーとストレス反応の両方を指していることが多い。

2　ストレスの影響

　ストレス状態は，ストレッサーにさらされ続けると耐えきれなくなり，さまざまな身体反応を起こし，心身の疾患の原因となることがある。強いストレス状態は，呼吸，脈拍，体温など，普段はほぼ一定に保たれている私たちの生体内部環境を乱し，脈や呼吸の増加，胃腸運動の抑制といった反応を生じさせる。

また，こうした身体症状以外に，不安，怒り，悲しみ，抑うつなどの心理的反応や，睡眠障害，食行動の乱れなどの行動的反応が生じる場合もある。

しかしながら，ストレスは人間が生きていく上で避けられないものでもある。ストレスをよくないもの，避けるべきものととらえるのではなく，うまく切り抜けられれば成長につながる糧ととらえることが必要だろう。ここで大切なのは，いかにストレスとつきあうかということである。

3　ストレスの量と質

アメリカの心理学者ホームズと医師のレイは，ストレスを人生上の出来事（ライフイベント）の集積と考え，どのようなライフイベントがストレッサーになるかを調査し，社会的再適応評価尺度を作成した（**表12-2**）。これによると，「配偶者の死」「離婚」「失業」などの不快な出来事だけでなく，「結婚」「妊娠」「休暇」など喜ばしいと思われる出来事もストレッサーになることが示されている。つまり，ストレッサー自体の快不快にかかわらず，環境の変化そのもの

表12-2　社会的再適応評価尺度（ホームズとレイによる）

出来事	生活変化指数	出来事	生活変化指数
配偶者の死	100	子どもが家を離れる	29
離婚	73	姻戚とのトラブル	29
配偶者との別居	65	特別な成功	28
拘留，刑務所入り	63	妻の就職や離職	26
肉親の死	63	入学，卒業	26
けがや病気	53	退学	26
結婚	50	生活条件の変化	25
失業	47	個人的な慣習の変更	24
配偶者との和解	45	上司とのトラブル	23
定年退職	45	労働条件の変化	20
家族の健康状態の変化	44	引越し	20
妊娠	40	転校	20
性的な問題	39	余暇の変化	19
家族が増える	39	宗教活動の変化	19
仕事の再調整	39	社会活動の変化	18
経済状態の変化	38	小額の借金	17
親しい友人の死	37	睡眠習慣の変化	16
転職	36	同居家族数の変化	15
配偶者との口論の増加	35	食習慣の変化	15
高額の借金	31	休暇	13
担保，貸付金の損失	30	クリスマス	12
職場での責任の変化	29	軽い法律違反	11

が心身へ影響を及ぼすのである。

アメリカの心理学者ヤーキーズ（1876-1956）とドットソン（1879-1955）は，ネズミを用いた実験をおこない，覚醒レベルと学習パフォーマンスの関連を調べた。その結果，過剰なストレス状況では緊張が高まりすぎてパフォーマンスが低下したが，一方で，ストレスが過少で緊張感がなさすぎる場合にもパフォーマンスが低下した。このことから，学習のパフォーマンスを上げるには適度なストレスが必要であるといえる。これを「ヤーキーズ・ドットソンの法則」という。

4　ストレスの認知的評価

アメリカの心理学者ラザラス（1922-2002）は，ストレッサーとストレス反応の間に認知的評価という視点を加えた。つまり，ストレスは，ストレッサーに対してそれをどう理解するか（1次的評価）と，どのように対処できると考えるか（2次的評価）という判断の結果生じるという考え方である。

たとえば，仕事でのミスというストレス状況にさらされても，「何事も経験だ」とポジティブに受け止め，気分転換したり同僚に相談したりできれば，ストレスをプラスに変えて健康的に乗り切ることができる。一方，「自分はだめな人間だ」と受け止めてしまうと，気分転換や相談といった対処行動を取ることができず，ストレス状態が続くことになる。

このように，同じストレス状況にさらされても，刺激をどの程度ストレッサーとして認知し，対処能力をどの程度有するかによって，ストレス反応に個人差が現れる。また，ストレス反応の発生には，ストレス反応に陥りやすいという個人の傾向（ストレスへの脆弱性）や，

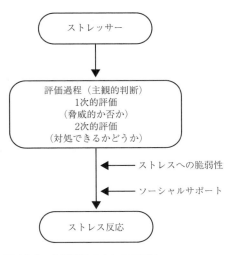

図12-3　心理学的ストレスモデル

周囲からの支援（ソーシャルサポート）の程度も影響する。これらの仕組みを説明したものがストレスの心理学的モデル（図12-3）である。

● 4 節　学校における問題行動

1　問題行動

　学校生活における不適応の多くは，「問題行動」という行動面の問題として取り上げられることが多い。問題行動は，反社会的行動と非社会的行動の2つに大別される。

（1）反社会的行動　　社会的，集団的な規範を無視したり，そこから逸脱したりするような行動である。法律や校則を無視するなどの逸脱行動，暴力などの攻撃行動，感情のコントロールの問題による対人関係上のトラブルなどがあげられる。

（2）非社会的行動　　集団への参加を避けたり，集団内にいても他者とのコミュニケーションが取れないなどの行動である。集団場面での不安や緊張が強いことが関係していると考えられる。引きこもりや対人恐怖などの問題がこれにあてはまる。

2　児童生徒の問題行動・不登校等生徒指導上の諸課題に関する調査

　学校現場においては，暴力行為，いじめ，不登校等の問題が深刻化しており，その解決を図ることが緊急の課題となっている。文部科学省は，児童生徒の問題行動等について，事態をより正確に把握し，これらの問題に対する指導のいっそうの充実を図るため，毎年度，暴力行為，いじめ，不登校，自殺等の状況等について調査をおこなっている。

　2024年10月に公表された「令和5年度　児童生徒の問題行動・不登校等生徒指導上の諸課題に関する調査結果について」によると，小・中・高等学校における暴力行為の発生件数は108,987件（前年度95,426件），小・中・高等学校および特別支援学校におけるいじめの認知件数は732,568件（前年度681,948件），小・中学校における不登校児童生徒数は346,482人（前年度299,048人）と，いずれも過去最多となっている。

核家族化や少子化，家庭や地域の子育て機能の低下，両親の離婚による父子・母子家庭の増加，SNS やインターネットの普及など，子どもたちを取りまく生活環境の変化により，児童生徒が抱える問題は多様化・深刻化している。子どもたちが不安や悩みを相談できずにひとりで抱え込んだり，不安や悩みが問題行動や不適応行動として現れたりする可能性を考慮し，周囲のおとなが子どもたちの SOS の早期発見に努めることが求められる。

3　問題行動の背景

　問題行動は，学校では教師や他の生徒からしばしば望ましくない行動としてとらえられるが，これらの行動は子どもたちからの SOS としての表現である場合も少なくない。

　漠然とした不満や怒り，無力感，気分の落ち込みなどを感じたとしても，それを言語化することができれば，ソーシャルサポートの獲得が可能となり，ストレスを建設的なかたちで処理できる。しかし，ストレスを適切に言語化できず，解決できない場合は，行動化や身体化といった表現方法がとられることがある。

　行動化は，ストレスを何らかの行動によって発散させようとする現象である。スポーツをする，歌を歌うなど，健康的な行動もあるが，攻撃行動や逸脱行動（非行や犯罪）のように，他者や社会に迷惑をかけるケースもある。また，自傷行為（リストカット）などのように攻撃性が自己に向かうものもある。

　一方，身体化は，溜め込んだストレスが病気というかたちで表現される現象である。過換気症候群，過敏性大腸症候群，神経性食欲不振症，自律神経失調症などがその例である。このような場合，問題行動の解消だけに焦点をあてようとしても解決が難しいか，表面的な対応に終わってしまい，問題が再発しやすい。

4　問題行動への対応

　多くの問題行動は，個人の資質上の問題とともに，環境上の問題の反映であり，環境上の問題を解決すれば解消または軽減する問題行動も少なくない。したがって，①周りのおとなが子どもたちの SOS を受け止め，問題の背景を理

第 12 章　●　不適応行動と問題行動を学ぶ　　143

解しようと努めること，②不安や緊張を緩和し安心感を与えること，③適切な
ソーシャルスキルを学習させ，行動パターンの誤学習を修正すること，④肯定
的な面に注目すること，などに留意し，長期的に根気強く対応することが大切
である。また，問題に介入する際には，ひとりで抱え込まず，周囲や地域の資
源を利用し，連携して問題にかかわることが望まれる。

◆参考文献

青木紀久代・神宮英夫（編著）　カラー版 徹底図解 心理学—生活と社会に役立つ心理学の
　　知識—　新星出版社　2008
藤田主一・楠本恭久（編著）　教職をめざす人のための教育心理学　福村出版　2008
藤田主一・齋藤雅英・宇部弘子・市川優一郎（編著）　こころの発達によりそう教育相談
　　福村出版　2018
文部科学省　児童生徒の問題行動・不登校等生徒指導上の諸課題に関する調査　文部科学
　　省HP（https://www.mext.go.jp/a_menu/shotou/seitoshidou/1302902.htm）

第13章 学校と教育相談の実際を学ぶ

● 1節　教育相談と生徒指導

1　教育相談の導入

　児童生徒を対象とした教育相談（教育カウンセリング）には，スクールカウンセラーによるもの，地域の教育相談所等によるもの，教職員によるものなど，さまざまな支援があるが，なかでも，子どもたちにもっとも身近な教職員によっておこなわれる学校教育相談は，今日ますます重要なものとなっている。

パーソンズ

　教育相談活動は元来，教育活動の一環として始まったが，そのもっとも初期の活動はアメリカの社会改革者パーソンズ（1854-1908）によるもので，個人の特性と職業・産業上の特性の両者を客観的に把握しておこなう職業指導であった。これが次第に進学指導やいじめ，非行，薬物などの諸問題対応に役割が拡充し，また，心理臨床の技法を導入していった。そこで本章では，教育相談活動の制度や，それに関連するカウンセリングの理論について理解を深めていきたい。

2　生徒指導と教育相談の位置づけ

　生徒指導は，1951年にはじめて作成された「学習指導要領一般編」において，学校教育上の重要な任務のひとつとして位置づけられ，その後，非行や校内暴力等の問題行動に対する訓育を中心とした指導活動として明確化されていった。一方の教育相談は，1965年の「生徒指導の手引き」のなかで言及されたものの，

心理療法やカウンセリングの方法論を単純に適用し，次第に「カウンセリング・マインド」という姿勢が強調されていった。そのため，叱咤激励し教え諭すような生徒指導と，子ども自身が気づくことを促す教育相談とが二項対立的に理解されやすかった。しかし，両者は児童生徒の発達に寄与する点で共通しており，いずれか一方に偏重することがないようにしなければならない。多岐にわたる諸課題にきめ細かく対応するために，教職員は，カウンセリング理論の根底にある人間理解を踏まえながら，子どもたちの教育や指導に携わるということを認識しておく必要があるだろう。

　それでは，現行の「生徒指導提要」（2022年改訂版）のなかで，生徒指導と教育相談はそれぞれどのように示されているだろうか。まず前者は，「児童生徒が，社会の中で自分らしく生きることができる存在へと，自発的・主体的に成長や発達する過程を支える教育活動」として，「生活指導上の課題に対応するために」おこなうものと定義づけられた。そして後者は，「生徒指導から独立した教育活動ではなく，生徒指導の一環」としておこなわれ，生徒指導の中核を担うものと位置づけられた。その上で，指導や支援には，主に集団場面でおこなうガイダンスと，「個々の児童生徒の多様な実態を踏まえて，一人一人がかかえる課題に個別に対応」するカウンセリングがあり，これらが生徒指導の両輪として機能することが明記された。すなわち教育活動においては，カウンセリングと教育相談を同義にとらえるよりも，むしろ教育相談を中心に据えながら，包括的に生徒指導を実践していくことが求められているのである。

3　教育相談の対象と支援構造

（1）発達支持的教育相談　　自己理解力や自己効力感，人間関係形成力やコミュニケーション力，思いやりや共感性，協働，問題解決力などの社会的資質・スキルの育成，キャリア教育など，すべての児童生徒の発達を支援する活動である。道徳，総合的な学習（探究），特別活動や課外活動，教科指導のなかでのグループ学習などをとおして指導，実践していくことが可能である。

（2）課題予防的教育相談：課題未然防止教育　　いじめ防止教育，自殺予防教育，非行防止教育，情報モラル教育など，全児童生徒を対象とした教育活動である。警察や保健所，企業などの教育プログラムも活用できる。

（3）課題予防的教育相談：課題早期発見対応　　成績の急落，遅刻・早退・欠席の増加，登校しぶり，対人関係や身だしなみの顕著な変化など，問題行動のリスクや兆候がみられる児童生徒に向けた対応であり，迅速さが求められる。

（4）困難課題対応的教育相談　　不登校，いじめ，非行，児童虐待など，とくに指導・援助ニーズのある児童生徒に対する活動である。

4　守秘義務と説明責任

　教育相談に携わる者は，きわめて敏感な個人情報を取り扱うことが多い。したがって，職務上知り得た個人情報や相談内容などを，本人の許可を得ずに漏洩させてはならない，という守秘義務を負うことになる（自他に危害を加える恐れがある場合や，別に法の定める場合などを除く）。また，チーム支援場面では，チーム内で情報を共有するものの，チーム外には漏らさないという高度な秘密保持が求められる（集団守秘義務）。しかし，教職員やスクールカウンセラー，医師などの職能団体ごとに守秘義務の範囲が異なるため，情報の取り扱いに関して職種間で合意を形成しておくことがチーム支援成功の鍵となる。

　また，学校や教職員は，利害関係者，保護者や地域社会等に対する説明責任も有している。情報開示請求はその一例である。どこまでが知る権利なのか，どこからが秘密として守られるものなのか，ケースごとに判断が求められる。

5　保護者との連携と保護者対応

　児童生徒の保護者には，授業参観や懇談会，プリント，学校行事などをとおして，普段の子どもたちの様子を伝えるほか，家庭訪問や面談，連絡帳，電話，手紙やメールによる個別対応など，普段から密接な連携が欠かせない。

　しかし，自分の子どもを通わせているという立場は，教職員や専門スタッフのそれとはおのずと異なり，保護者対応は複雑かつ困難になることもしばしばで，なかには，理不尽な主張やクレームをおこなうモンスター（ヘリコプター）・ペアレンツ，児童虐待やDV（配偶者間暴力）なども見受けられる。しかし，保護者の多くが育児ストレス，教育・進学にかかわる不安や悩みを抱えていることも事実であり，保護者への対応にあたっては，責めたり指導したりするような言動を避けながら，教職員として誠実な姿勢で向きあわなければな

第13章　●　学校と教育相談の実際を学ぶ　　　147

らない。保護者も教職員も，ともに児童生徒を育てていく立場であることを忘れず，相互協力の関係性を構築していくことが重要である。

● 2 節　教育相談の実施

1　児童生徒理解のための方法

　児童生徒に対する支援・指導には，客観的資料に基づくアセスメント（査定・評価）が欠かせない。ただし，書籍から得られた限定的な知識に基づく安易な診断は厳に慎まなければならない。

（1）観察法　　授業中や特定の活動中の行動から，児童生徒を理解する方法。

（2）調査法　　アンケートを用いて児童生徒の状態を把握するもの。調査方法には，回答者が名前を記入する方式と無記名式があり，また，選択肢から回答を選択する形式や自由記述も可能である。回答への心理的抵抗感，分析内容などに応じて，適切にアンケートを作成しなければならない。

（3）検査法　　知能検査やパーソナリティ検査などの心理検査を用いるもの。

（4）面接法　　主に会話をとおして実施され，児童生徒の状態把握と同時に支援も可能である。面接法には，あらかじめ決められた質問項目や順序に従って質問していく構造化面接と，質問項目を準備しない自由形式（非構造化面接），最低限の質問項目だけ設定しておき，話し手の回答や応じ方によって，その場で質問を追加したり，質問の順番を入れ替えたりする半構造化面接がある。近

表 13-1　学校でのさまざまな面接・面談のかたち

種類	具体的な方法
個別面接	話し手と受け手が一対一のもの
グループ面接（集団面接）	受け手と複数の話し手との形式や，話し手同士が意見交換をおこなうもの
チーム相談	複数の受け手により応対するもの
自発的面談	話し手自らが訪れるもの
呼び出し面談	対応者が特定の対象者を呼び出すもの
定期面談	年間計画に応じて，一定の期間内に対象者全員に対して実施するもの
予約面談	日時や場所を予約しておこなうもの
チャンス面談	授業の合間や廊下でのすれ違いざまなどに声をかけるもの
訪問面談	教職員が校外に出向いておこなうもの
依頼面談	他スタッフからの紹介（リファー）によって実施するもの

年は，対面型だけでなく，電話やメール，チャットなども利用されるが，相談場面や児童生徒の状態などに応じて，さまざまな手法（**表 13-1**）を組み合わせて実施していく。

2　教職員のメンタルヘルス

　ストレスは，すべてが不適応的とは限らない。身近な他者を失って抑うつや不眠になったり，大惨事を目のあたりにして心を痛めたりすることは，人間にとってごく自然な反応である。そして，何らかの症状や変化が現れても，私たちにはそれを乗り越え，回復する力（レジリエンス）が備わっている。しかし，教職員は児童生徒の発達に直接的に寄与するという使命感をもって，日々，教育に携わっているからこそ，自身のメンタルヘルスにも留意していかなければならない。学業指導だけでなく，課外活動や部活動の指導，生徒指導や教育相談，進路指導，保護者対応，諸問題への対処など多くの業務を同時並行的にこなし，その業務量は増加傾向にある。そのなかで，心的エネルギーを使い果たして疲弊し，急速に意欲が失われてバーンアウト（燃え尽き）の状態になることもある。成果のみえにくさ，焦りや不安，報われない思い，指導への迷い，相談しづらさのなかで孤立感を深めて，それが常態化し，休職・離職せざるを得ない状況に追い込まれてしまうこともあるのが現実である。

　そこで，職業人としても個人としても，適応的にかつ豊かに人生を送っていくために，ストレス・マネジメントを心がけておくとよい。たとえば，日々のスケジュールや役務をリストアップして行動を可視化し，職務の優先順位やペース配分を決める。また，セルフ・モニタリングをおこなうことで，自分自身の状態やその変化，不調に気づきやすくなる。趣味や余暇，リラックスする方法，相談できる同僚や上司・スクールカウンセラーなど，適切な対処行動を状況に応じて使い分けていくことも重要である。

● 3 節　連携と協働

1　チーム支援

　教育を取りまく環境は複雑化・多様化しており，生徒指導や教育相談にあ

第 13 章　●　学校と教育相談の実際を学ぶ　　149

たっては，生徒指導主事や教育相談コーディネーターの教職員を中心に，学級
担任や養護教諭，スクールカウンセラー，スクールソーシャルワーカーなど，
校内の関係者が一丸となって取り組むべきである。

2　スクールカウンセラー

　公立学校へのスクールカウンセラーの配置は，1995年度に開始され，現在
は「スクールカウンセラー等活用事業」として実施されている。スクールカウ
ンセラーは，国家資格「公認心理師」取得者，公益財団法人日本臨床心理士資
格認定協会によって「臨床心理士」と認定された者，精神科医など，児童生徒
の心について高度に専門的な知識と臨床経験を有する専門家である。

　スクールカウンセラーの業務内容は，①児童生徒へのカウンセリングや心理
療法，②児童生徒の保護者への助言（保護者自身の問題に対するカウンセリング
は基本的に対象外），③教職員に対する助言や援助，④心理的アセスメント，⑤
専門機関の紹介や連携，⑥事例検討会やカンファレンスへの参加，⑦情報提供
や啓蒙活動など多岐にわたる。

3　スクールソーシャルワーカー

　公立学校へのスクールソーシャルワーカーの配置は，2008年度から実施さ
れている。スクールソーシャルワーカーは，精神保健福祉士や社会福祉士など
福祉に関する専門的知識や技術を有し，児童生徒への援助，保護者や教職員へ
の助言や援助，学校内のチーム支援体制の構築とその支援，関係機関とのネッ
トワークの構築や調整，情報提供などをおこなっている。児童虐待やヤングケ
アラー（家族の介護や世話を過度におこなっている若年層のこと）など，とくに福
祉的ニーズの高い子どもたちの支援に欠かせない。

4　子どもと親の相談員（旧称：心の教室相談員）

　スクールカウンセラーやスクールソーシャルワーカーの制度が拡充されたと
はいえ，人員も対応時間も限られている。そこで，子どもたちがより気軽に話
せるように，公立学校には元教員，保育士，児童委員，学生などを配置するこ
とができる。

5　地域との連携

　子どもは地域のなかで育まれていく。そこで，地域の人々に学校の様子や意向を知らせるだけでなく，学校と地域の人々との意見交換の機会，地域の人々や企業・団体による学習の支援や課外活動の指導，職場体験，地域に伝わる伝統芸能の講習なども柔軟におこなわれている。

　また，さまざまな事情を抱える児童生徒にとって，安心できる居場所づくり，学習に取り組める場所の確保のために，学校の空き教室や地域の公民館を利用したり，「子ども食堂」の運営団体，生活支援やフリースクール運営のNPO法人などと連携したりすることも必要である。

6　外部のさまざまな関係機関との連携

　教育支援センター（旧称：適応指導教室）は，教育委員会が管轄し学校内外で主に不登校支援をおこなう機関である。従来は学校への再登校を目標に運営されていたが，現在は，より広く社会的自立に向けた活動が実施されている。

　そのほか，児童相談所，子ども家庭支援センター，福祉事務所などの福祉行政機関，精神保健福祉センター，地域の警察署や都道府県警の少年センター，法務少年支援センター，更生保護サポートセンター，スクールロイヤー（法務の面から教育を支援する弁護士）など，さまざまな課題に応じて，各機関やスタッフとネットワークを構築していくことが，ますます重要になるであろう。

●4節　カウンセリングや心理療法の技法

1　カウンセリングの基本的な流れ

（1）インテーク面接　　初回の面接では，来談の経緯や主訴，生育歴や環境等を聴いていく。複数のスタッフが在籍する機関では，インテーカーが担当する。
（2）アセスメントとカウンセラーの選定　　心理検査などによって状況や背景などを詳細に把握し，支援方策や担当者の選定，他機関の紹介などがおこなわれる。
（3）治療契約　　支援・治療の方法，その効果と限界，料金などの説明を受けて，クライエントが自由意思により同意したならば，治療契約が結ばれる。

第 13 章　●　学校と教育相談の実際を学ぶ　　151

(4) カウンセリングや心理療法　　まず，クライエントとカウンセラーとの間に信頼関係（ラポール）を構築する。カウンセラーによる積極的傾聴や率直な問いかけによって，クライエントは徐々に自身の心的体験を語るようになり，カタルシス（心的な浄化）が得られたり，自分の心に直面して深く洞察したりするようになる。クライエントが自分で終結を決意するまで治療関係は継続されるが，治療に不信感や抵抗を感じて中断することもある。

2　クライエント中心療法（人間中心療法）

アメリカの臨床心理学者ロジャーズ（1902-1987）によって提唱された心理療法である。人間には元来，自己の潜在可能性を信じ，創造的に生きようとする自己実現傾向がある。しかし，自己不一致や自己否定などによって，心は不安定になり，悩み，傷つき，自己不信に陥る。そこで，このような自己否定から自己受容に転換し（「ありのままでいい」「自分はだめな人間だ」ではなく，「あ

ロジャーズ

りのまま」の自分の長所も短所もそのまま受け入れること），自己実現傾向を回復して発展的に問題を解決し，その人らしく人生を生きていけるように援助することが，このクライエント中心療法の考え方である。話を聴くだけの消極的なカウンセリングと誤解されやすいが，クライエントを真に信じて待つからこそ，結果的に非指示的になるのである。また，カウンセラーには，共感的理解，受容的態度（無条件の肯定的配慮），自己統一（自己一致）の3つの条件が必須である。

(1) 共感的理解　　あくまでも「自分は自分である」という独自性を失わずに，その人自身の価値観でその人の私的世界を感じることである。なお，クライエントの語る内容に同情し，怒ったり，同じように嘆き悲しんだり，自分の価値観や感情をその人にあてはめて判断したりすることは，共感とは異なる。

(2) 受容的態度（無条件の肯定的配慮）　　他者を真に尊重し，自分とは価値観も感じ方も異なるのだと認めることである。自分の価値観で「よい・悪い」「立派だ・だめだ」などと判断せずに，「この人はこういう人なのだ」と他者の考え方，価値観，行動をまず受け止めるのである。児童生徒は，最初から教職

員に本音を語ることはないだろうし，よくみせようとしたり，虚勢を張ったり
もする。しかし，それらをすべて丸ごと教員が受け止めることによって，児童
生徒は「この先生は自分を頭ごなしに否定しない」「この先生は受け止めてく
れる」と感じるようになり，信頼関係につながるのである。

(3) 自己統一（自己一致）　　自分自身の価値観や内的体験に気づき，向きあ
うことである。他者の話に「この人は立派だ」「この人の考え方は間違ってい
る」などと思うことは当然であり，それを否定することはできない。なぜなら，
自己否定はカウンセラー自身の自己受容の態度と矛盾し，カウンセリングの進
行にも支障をきたすからである。児童生徒の話を聴きながら，自分の心に思い
浮かんだことや感情も受け入れる。「先生としてはこう思う」「別の見方ではこ
のように考えることもできる」などと必要に応じて伝えることで，児童生徒が
新たな視点を獲得したり，成長発達につながったりするのである。

3　マイクロカウンセリング

　マイクロカウンセリングは，アメリカの心理学者アイビイ（1933-）によっ
て提案されたカウンセリングの基本モデルであり，カウンセリング場面を細か
な単位に分割したことが特徴である（**表 13-2**）。

表 13-2　マイクロカウンセリングの技法 (福原眞知子らによる原図をもとに，許諾を得た上で筆者の理解・解釈を加えて作成)

本表の番号の小さいものほど基本的なスキルとされる。Clはクライエント，Coはカウンセラーをそれぞれ意味する。

	技法	具体的な姿勢や行動
1	民族的多重文化的要素・ウェルネス	倫理規範，文化対応力，身体的・精神的・社会的に健康であること
2	かかわり行動	
	文化的に適合した視線の位置 言語追跡 身体言語 声の質	視線の合わせ方が文化，性別，年齢などに適合していること 会話の主導権はClにあり，Clの話についていくこと Clに向かい合い，若干前かがみで傾聴の姿勢を示すこと 声の高さや強弱，抑揚やスピードを意識的に調整すること
3	質問技法	以下2つの質問を適宜使い分けて，事象を詳細に把握していくこと
	「開かれた質問」 (open questions) 「閉ざされた質問」 (closed questions)	説明を促すための5W1Hの質問 例「（進路がわからないと言う生徒に）何に興味がありますか？」 事実確認のための「はい・いいえ」や単語で答えられるような質問 例「（進路がわからないと言う生徒に）進路で迷っているんですね？」
4	クライエント観察技法	Clを客観的に観察し，「今ここで」の状態を把握すること

(次ページへ続く)

第 13 章　●　学校と教育相談の実際を学ぶ　　153

5	はげまし，いいかえ，要約	Coの共感的理解をClに伝達する具体的な技法群
	はげまし いいかえ 要約	うなずきや相槌をうったり，Clの単語を繰り返したりすること Clの話のエッセンスをClのことばで言い換えること Clの長い話を要約して言い換えたり，感情を言い換えたりすること
6	感情の反映	Clの混沌とした感情を明確化して，感情に振り回されず受容を促すこと
7	5段階の面接構造	面接は①ラポール，②問題の定義化，③目標設定，④選択肢の探究 や不一致との対決，⑤日常生活への般化で構成される
8	対決	Clの思考・感情・行動における矛盾を指摘すること（ただし，それ を解決するのはCl自身である）
9	焦点のあてかた	洞察するのに必要な事柄にClの意識を向けさせること
10	意味の反映	Clの思考・感情・行動の背景にある意味を問いかけること 例「それは，あなたにとってどのような意味があるでしょうか？」 「なぜその行動をとったのでしょうか？」
11	積極技法	Clの行動を問題解決に導く具体的な技法群
	指示	具体的でわかりやすく行動を促すこと 例「進路を考えてください」ではなく「何に関心があるか，どのよ うな仕事につきたいか考えてください」
	論理的帰結	行動の結果を論理的に検討してもらうこと 例「（志望校で悩む生徒に）学校Aの特徴は？　学校Bは？」
	解釈	Cl自身が状況をとらえ直せるような認知的枠組みを提示すること
	自己開示	Co自身の個人的な経験や考えを語ること
	助言	Clの助けになるようなことばがけをおこなうこと
	情報提供	Clの求める情報を提供すること
	説明	こころの健康や人間関係に関する知識を説明すること
	教示	ストレスへの具体的な対処方法や人間関係のスキルを教えること
	フィードバック	Clが客観的に自分を見つめ直せるように，Clの見え方を伝えること
	カウンセラー発言の要約	Coの発言内容の要点をまとめること
12	技法の統合	以上の諸技法を組み合わせて活用していくこと

原図：International Interviewing and Counseling 2007（福原・アイビイ・アイビイ，2004）

4　精神分析療法

　オーストリアの心理学者・精神科医フロイト（1856-1939）が創始した心理
療法である。無意識を重要視する精神分析の理論では，受け入れがたい欲求，
思考や記憶などは無意識に抑圧されると考える。それが不安や症状として出現
し，クライエントを苦しめるため，心に思い浮かんだものを自由に語ってもら
うことで（自由連想法），抑圧された観念を意識化させて，問題への対処をめざ
そうとする。

5　認知行動療法

(1) 行動療法　アメリカの心理学者スキナー（1904-1990）は，オペラント条件づけ理論を心理療法場面に応用した。この心理療法では，行動は学習の結果であるから，不適応的な行動や，症状も学習によって消去できると考える。望ましい行動に代用貨幣（トークン）を与えて，トークンが一定量に達したら，物品や活動の許可を与える方法（トークン・エコノミー法），心拍や呼吸などの不安や緊張に伴う自律的作用を視覚・聴覚的な信号に置き換えることによって意識的なコントロールをめざすもの（バイオフィードバック法），不安イメージとリラクセーションの反復によって不安反応を段階的に消去するもの（系統的脱感作法）など，さまざまな方法が考案されている。

(2) 認知療法と論理療法　アメリカの心理学者エリス（1913-2007）は，人間の悩み（Consequence）は，出来事（Activating event）そのものではなく，その出来事の受け止め方（Belief）に原因があるとするABC理論と，それに基づく論理療法を提案した。

エリス

さて，ストレスや不安場面に直面すると，ネガティブなことが思い浮かびやすくなるが，このような思考（自動思考）は現実的には妥当でないことが多い。「何をやってもどうせだめだ」と否定的な予測ばかりをエスカレートさせたり（破局的推論），「自分のせいで試合に負けた」と物事の原因を過剰に自分に帰属させたり（個人化の推論），「遅刻するなら欠席しても同じ」と極端に二者択一的にとらえたり（全か無か思考），「パートナーは自分を愛しているはず」と他者の思考をわかったつもりになったり（読心術推論），物事を過大・過小評価したり，べき思考をしたり，否定的なレッテルを貼ったりする。

このような認知の歪みに着目して，アメリカの精神科医ベック（1921-2021）は認知療法を考案した。この心理療法では，自分の行動を記録して（セルフ・モニタリング），悪循環になっている思考を整理した上で，自分自身の認知バイアスとは異なる態度で生活すること（行動実験）によって，それまでの自動思考の非妥当性に自ら気づき，思考の柔軟性の獲得や回復をめざす。

(3) 認知行動療法　認知療法と行動療法を包括的に組み合わせるだけでなく，

さまざまな心理療法を導入して発展している。治療効果のほか，予防や開発的効果も実証的に認められ，メンタルヘルスの維持・向上に寄与している。

6 そのほかの代表的な心理療法

(1) 遊戯療法　心の状態を言語的に正確に表出することが難しい子どもには，玩具やゲームなどの遊びをとおして問題解決や発達を図る。遊戯療法には，精神分析の流れを汲むものとクライエント中心療法を引き継ぐものがある。

(2) 芸術療法　絵画や陶芸，コラージュの制作，楽器演奏や歌唱，音楽鑑賞，舞踊など，創作や表現活動を用いた心理療法の総称である。そのなかでも，ユング（1875-1961）の理論からスイスの心理学者カルフ（1904-1990）が発展させた箱庭療法は，砂の入った箱のなかにミニチュア玩具を置いたり，砂そのもので表現したりする方法である。箱庭にはクライエントの創造性，不安や攻撃性などが表現されるため，破壊行動が回避されるはたらきやカタルシスの機能があり，クライエントの自己治癒力が最大限に引き出される。ただし，逆効果になってしまう場合もあり，実施には細心の注意が必要である。

◆参考文献

安藤嘉奈子　教育相談の展望とロール・プレイングの体系―見守る姿勢・つながる対話・つなげる心理劇のエッセンス―　福村出版　2024

福原眞知子・アレン E. アイビイ・メアリ B. アイビイ　マイクロカウンセリングの理論と実践　風間書房　2004

文部科学省　生徒指導提要〔改訂版〕　文部科学省HP（https://www.mext.go.jp/a_menu/shotou/seitoshidou/1404008_00001.htm）　2022

第14章

学級集団と仲間関係を学ぶ

● 1 節　学級集団とは

1　学級集団とは

（1）学級集団　　小学校に入学以来，自分自身の所属した学級がどのような特徴をもっていたのかを思い出してみよう。合唱コンクールや体育祭のような学校行事で一致団結した学級だった学年もあれば，個性的な児童生徒が多く，一体感とは無縁だった学年があったかもしれない。

　学級集団とは，学校における教育目標を実現するために編成された集団のことをいう。公立小学校における1学級の定員上限は，2021（令和3）年4月1日に施行された改正義務標準法によって，現行の40人学級から5年間かけて順次35人学級として編成されることになった。これは，教員の過重労働軽減やICT教育の充実，そしてゆとりある学習空間の確保など，教育現場における変化を背景とした画期的な変更である。

（2）学級集団の特徴　　学級は35〜40人で構成された集団である。心理学では，2人以上の人々によって形成される集合体を集団とよんでいる。集団とは，①持続的に相互作用がおこなわれ，②規範すなわちルールが形成され，③成員に共通の目標やその目標達成のための協力関係が存在し，④地位や役割の分化とともに全体が統合されており，⑤外部との境界が意識され，⑥われわれ感情や集団への愛着が存在する，という特徴をもっている。これらの特徴を多くもっているほど，集団らしさがあるといえる。学級集団は，この6つの特徴を備えており，まさに典型的な集団の一例である。

（3）集団の形成　　小・中学校における学級集団は，教師が児童生徒に対して

教育をおこない，児童生徒が学習することを目的としている。そして，構成する成員は学校制度に基づいて人為的に編成され，学級集団となる。これは，地域のスポーツクラブやサークルなど，個人の意思に基づいて自発的に形成される集団とは性質が異なるものである。一般に，前者を公式集団（フォーマル・グループ），後者を非公式集団（インフォーマル・グループ）という。学級集団では，さまざまな活動を進めていくなかで仲よしグループができていき，下位集団が形成されていく。これは非公式集団である。このように学級集団は，公式集団としての特徴だけでなく，非公式集団としての特徴ももっている。

2　学級集団の機能

（1）集団凝集性　　教育目標を実現するために編成された学級が，集団として機能するためには，どのような要素が必要であろうか。合唱コンクールに向けて，一人ひとりが学級の一員として仲よくかかわり合い，団結力のある集団を想像してみよう。

　仲のよさや団結力など，集団の魅力などによって，その集団に自発的にとどまらせようとはたらく力の総体を集団凝集性とよんでいる。集団凝集性の高い集団では，児童生徒それぞれが協力し合い，集団内でのコミュニケーションが活発で，さらには全体で協同的に活動している。集団凝集性が高いと，学級がひとつにまとまり授業が円滑に進むが，一方で集団凝集性が低いと学級に一体感がなく，教育目標に向けて進めていくことが困難になる要因のひとつとなる。しかし，集団凝集性の高い学級集団では成員への同調圧力（ピア・プレッシャー）がはたらくことで，望ましくない方向に一致団結する恐れもある。

（2）社会的促進と社会的抑制　　学級集団のなかには，ひとりで黙々と課題に取り組む児童生徒もいれば，級友から刺激を受けて一緒に取り組む方がはかどる児童生徒もいるであろう。このように，他者の存在によってパフォーマンスが向上することを社会的促進という。たとえば，単純作業のような取り組みやすい課題では，他者の存在によって社会的促進が生じやすい。一方で，他者が存在してもパフォーマンスが低下することもある。たとえば，難しい課題に取り組む場合や，十分に学習できていない課題に取り組む場合は，社会的抑制が生じる。

● 2 節　仲間関係の理解

1　ソシオメトリック・テスト

　学級集団内の構造は必ずしも等質ではなく，学級内でのサブグループの状態や成員間の親密さによって大きく異なる。したがって，学級集団にはさまざまな"かたち"がある。学級集団の構造的特徴を理解する手段として，代表的なひとつにソシオメトリーがある。

　ソシオメトリーはアメリカの精神科医モレノ（1889-1974）によって提唱された，学級集団の構造や人間関係，友人関係の理解に有用な理論である。この理論では，集団の成員間での親和や反発の感情関係を測定・分析することによって，集団の構造，とくにインフォーマルな学級集団の構造を明らかにすることを目的としている。ソシオメトリック・テストは，この理論に基づいて考案された技法のひとつである。

モレノ

具体的には，「クラスのなかで，誰と一緒に写真を撮りたいか」や「教室で誰と一緒に給食を食べたいか」のように質問して，その名前を書いてもらう。複数の名前や順位を書いてもらう場合もある（図14-1）。また，「クラスのなかで誰と並びたくないか」のようなネガティブな内容をたずねることもある。これらの質問をもとに，このテストは，集団の対人的なつながりをネットワーク構造として明らかにする方法である。実施の際には，

来週の料理の学習はグループに分かれて実習をしてもらいます。あなたはこのクラスの同性の誰といっしょに実習したいですか。いっしょにしたい順に3人名前を書きなさい。その理由も書きなさい。		
順位	いっしょにしたい人の名前	その理由
1		
2		
3		

図14-1　ソシオメトリック・テストの例

表14-1　ソシオ・マトリックスの例（山本都久による）

Ss		選択者														被選択の数	被排斥の数	選択排斥得点	社会的地位順
		1	2	3	4	5	6	7	8	9	10	11	12	13	14				
被	1		○													1	0	1	6.5
	2	○		×			×		○							2	2	0	10.5
	3		×		×	×					×					0	4	−4	14
選	4						○	○	○				○	×	○	5	1	4	2
	5						○									1	0	1	6.5
択	6				○										×	1	1	0	10.5
	7														○	1	0	1	6.5
	8			○								×	×			1	2	−1	12.5
	9				○			○	×				○			3	1	2	4.5
	10		○				○					○		○		4	0	4	2
者	11	○						×		×	○			○		3	2	1	6.5
	12			○						○						2	0	2	4.5
	13			○		○					○	○				4	0	4	2
	14	×														0	1	−1	12.5

（○は選択，×は排斥を示す）

人数制限をしないことを原則とする考えもあるが，実際は学級全員を対象にするのは，その後のデータの整理や分析処理に時間を要するため，数名に制限することが多いようである。また，信憑性の高い回答を得るためには，実施者である教師は，回答者である児童生徒に対して，テスト結果は誰にも知らせないことを伝えるなど，秘密が遵守されるという信頼関係を築いた上で実施することが重要である。

　表14-1は，小学5年生のある学級の女子児童について，2名を選択，1名を排斥するようにたずねたソシオ・マトリックスの例である。この表にあるように，まず学級の人数（N）のマトリックス（N×N）を作成し，その表の左端と上端にグループの人たちの名前を記入欄に書き入れていく。次に，行方向（横方向）を選択者，列方向（縦方向）を被選択者としてマトリックスに誰が誰を選択し，排斥しているかについて，それぞれ○印，×印を順に記入していく。その次に，列の右端に個々の被選択数（被排斥数）を記入する欄を作成し，それを記入する。

　表14-1のソシオ・マトリックスを図示したものが，図14-2のソシオ・グ

ラムである。これを作図することによって，学級の対人関係や，人気者または孤立している者を視覚的に理解することができる。ソシオ・グラムを作成する際には，以下の点に留意する必要がある。①選択排斥得点の大きかった人（学級での社会的地位の高い人）を図の中心に，小さかった人（学級での社会的地位の低い人）を周辺に位置づけるようにして，調査対象としたグループ全員を配置する。その際，個人を特定するには名前ではなく番号などで表す。②全員を配置したものに，次は各人の選択（実線の矢印で記入）と排斥（点線の矢印で記入）を書き込む。③書き込んだ線が交差した場合は，当該の人たちの被選択の多さの位置（中心からの距離）を変えずに，位置方向だけを変えて，なるべく交差しないようにする。

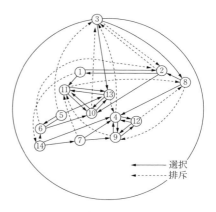

図14-2　ソシオ・グラム
（山本都久による）

ソシオメトリック・テストで得られた選択数や排斥数に基づいて，調査対象の個人的特性や集団的特性を数量的に表すことが可能である。個人的特性を表す指数には，学級における児童生徒の社会的地位の高さを表す選択地位指数や選択排斥地位指数がある。それらの算出方法は，以下のとおりである。

・選択地位指数 = 被選択総数 ÷ $(N-1)$
・選択排斥地位指数 = 被選択総数 − 被排斥総数

集団のまとまりを示す指標として，集団凝集性指数がある。この指数の範囲は1から−1で，1は集団凝集性がもっとも高いことを意味する。

$$\text{集団凝集性指数(Co)} = \frac{2N(N-1)m-(\Sigma d)^2}{\Sigma d\,[N(N-1)-\Sigma d]}$$

〔注〕 m = 相互選択数，d = 各人の選択した人数

2　ゲス・フー・テスト

教師の視点だけで，学級集団内のすべての児童生徒を理解するには限界があ

る。この限界を補うためには，教師が児童生徒相互の評価や態度，性格，行動に関する情報を収集できれば，それを学級経営や児童生徒への個別指導に役立てることができる。その方法のひとつに，アメリカの心理学者ハーツホーン（1885–1967）によって考案されたゲス・フー・テストがある。

　このテストは，教師が知りたい児童生徒のパーソナリティ特性や行動的特徴，態度について，学級内のすべての児童生徒に「この学級で責任感が強いのは誰だと思いますか」「この学級で親切な人は誰ですか」などとたずねて，該当する人を記入させるものである。記入してもらう人数は適宜決めてもよいが，3人ぐらいが適当である。自分の名前を書いてもよい，などのルールも事前に決めておくとよい。学級全員の質問ごとの被指名数（人格特性に関する得点，または行動的特徴に関する得点）を算出することで，児童生徒の学級での社会的位置を知ることができる。このようなかたちで学級集団内の児童生徒の情報を整理すると，教師自身が経験上の直感で理解しているものとのズレを確認したり，是正したりするのに役立つであろう。

3　Q-U（Questionnaire-Utilities）

　Q-U は，児童生徒の学校生活における満足度と意欲，さらに学級集団の状態を把握するために，心理学者の河村茂雄が考案した質問紙である。Q-U は，学級満足度尺度と学校生活意欲尺度から構成され，学級集団の状態を把握したり，児童生徒個人についての理解や対応方法を把握したりすることができる。学級満足度尺度は，被侵害得点と承認得点の2つの側面から児童生徒の学級生活の充実度を測ることができる。一方，学校生活意欲尺度は，友だち，学習，学級の3領域（小学生の場合），友人，学習，学級，進路，教員の5領域（中学生以上の場合）について，児童生徒が積極的に取り組んでいるかを測ることができる。

　この質問紙の回答から得られた情報から，いじめ被害を受けている可能性の高い児童生徒や不登校になる可能性の高い児童生徒がいるかどうか，意欲が低下している児童生徒がいるかどうか，学級集団の雰囲気はどのような状況なのかを知ることができる。さらに，これら2つの尺度にソーシャルスキル尺度を加えた hyper-QU も考案されている。

4 学級の雰囲気

どの学級にも，他の学級とは異なる独自の雰囲気がある。一人ひとりの個性がはっきりしているものの，ひとつにまとまる温かい雰囲気があって士気の高い学級もあれば，どんよりした雰囲気の学級もある。集団でのやる気や士気をモラールとよぶ。

このような独特の雰囲気を醸し出しているのは，その学級の児童生徒同士や児童生徒と教師との相互作用である。一度そのような雰囲気が醸し出されると，その雰囲気が相互作用へ影響を及ぼすよう

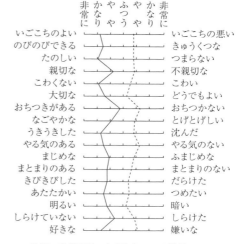

図 14-3　学級雰囲気のプロフィール
（根本橘夫による）

になる。すなわち，児童生徒と教師とのかかわりが密であれば雰囲気がよくなるし，雰囲気がよいから児童生徒と教師との会話も弾むのである。このことから，教師は学級づくりや，学習指導をおこなうのに役立つ学級の雰囲気づくりを心がけていく必要がある。

学級雰囲気の測定には，アメリカの心理学者オスグッド（1916-1991）らのSD法（セマンティック・ディファレンシャル法）がよく用いられる。質問項目には，学級の雰囲気を測定するのに有用な形容詞のペア（明るい-暗い，なごやかな-とげとげしい，など）をいくつか用意して，「わたしの学級」について，児童生徒に印象評定してもらう。図 14-3 は，児童に対する教師の統制的指導行動の強弱が，児童の学級の雰囲気認知に及ぼす影響を検討した結果である。実線で描かれたプロフィールと点線で描かれたプロフィールを比べてみると，2つの学級の雰囲気はかなり違ったものであることがわかる。

第 14 章　● 学級集団と仲間関係を学ぶ

● 3節　教師のリーダーシップ

1　リーダーシップとは

　学級集団では，教師が指導者すなわちリーダーである。リーダーである教師がどのようなリーダーシップを発揮するかによって，学級集団の構造や雰囲気は大きく異なってくる。リーダーシップとは，集団の維持や強化，目標達成に導くための能力や行動をいう。ここでは，社会心理学者の三隅二不二（1924-2002）らによる PM 理論に基づいて学級集団における指導を考えていく。

2　PM 理論

　三隅らは，学級集団における教師の基本的なリーダーシップ行動として，教育目標の達成に関係した行動（P 機能）と学級集団の一体感の維持に関係した行動（M 機能）をあげ，それぞれの行動のあり方による教師のリーダーシップ行動を 4 つの類型に分類した。P（Performance）機能とは，児童生徒の学習活動を促進し，あるいは生活や学習の規律を守ろうとするはたらきのことをいう。M（Maintenance）機能とは，児童生徒どうしの緊張を和らげたりするはたらきのことを指している。具体的な項目としては，P 行動では「きまりを守らせる」「勉強をしっかりやるように，やかましくいう」，M 行動では「褒めたり勇気づけたりする」「面白いことを言って笑わせる」「子どもとよく遊ぶ」などを用いて，それぞれの行動を測定する複数の選択肢（尺度）を作成して，児童生徒に教師について評定させる。その結果に基づいて，図 14-4 にあるような教師のリーダーシップ行動の類型化をおこなう。

　佐藤静一と服部正は，三隅らの

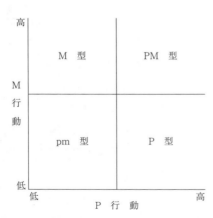

図 14-4　教師のリーダーシップ行動の類型
（三隅二不二らによる）

リーダーシップPM類型に基づいて，小学校担任の指導性を分類した。その結果，P行動の特徴を強くもつP型指導か，M行動の特徴を強くもつM型指導のみ，あるいはいずれのリーダーシップ行動もとらないpm型指導の学級に比べて，P行動の特徴とM行動の特徴のいずれも実施するPM型指導の学級の方が，学級連帯性および児童の意欲が高いことを示している。これは，学級集団を牽引するだけでなく，うまく和ませることができる教師は，学級の子どもたちをよくまとめたり，意欲を引き出したりすることができることを意味している。

● 4節　学級集団の指導

1　授業中における児童生徒の行動

　理想的な学級には，どのような特徴があるのだろうか。それは，学習をおこなう上で十分な成果を達成するのはもちろん，学級集団としての凝集性が高く，トラブルの少ない雰囲気のよい学級といえるかもしれない。学級集団の指導は，学習上の指導だけでなく，学級生活の指導という2つの側面がある。

　カーウェイトとスラーヴィンは，アメリカの2年生から5年生12学級を対象に，算数の授業を観察した。ところが，児童が算数の授業に専念していたのは60%のみに過ぎなかった。残りの40%は，ボーッとしていたり，ふざけたり，鉛筆を削ったりして，課題に従事していない場合や，何もしていない時間の割合が12%ほど観察された。教師からすると，児童生徒には授業時間の大部分を授業そのものに費やしてほしい，または費やすべきだと思っているが，児童生徒は，実際，授業以外のことにも精を出しているといえる。

　児童生徒が学校でおこなう行動には，**表14-2**にあげたようにいくつかのルーティンがある。これらのルーティンは，ホームルームや給食の時間，体育館での授業，理科室での授業などでそれぞれ異なる。児童生徒がボーッとしたり，

表14-2　児童・生徒が学校でおこなうルーティン（藤生英行による）

着席し静かにする
机の上に教科書，ノート，筆箱などを出す
教師の話に注意を向ける
質問をする
他の人の話を聞く
問題を解く
解答や意見を発表する
プリント・答案などを配布する
プリントを提出する

表 14-3　教師のタイプと学級の雰囲気（ソアーらによる）

教師のタイプ	学級の雰囲気
A　統制・高 　　温かさ・低	高い課題指向性 罰や恥をかかせるような指摘をよく利用する 褒めることや，報酬や強化の欠如 教師によって，生徒との相互作用が始まることが多い 教師の話に時間が多く費やされる
B　統制・高 　　温かさ・高	望ましい行動を明確にし，報酬をしばしば使用 求めようとしない生徒は落胆的反応 高い課題指向性 教師によって，生徒との相互作用が始まることが多い 教師の話に時間が多く費やされる
C　統制・低 　　温かさ・低	たびかさなる叱責と批判 学級ルールがほとんどない しばしば生徒が反発する つまらない不正行為について教師が話す 課題指向性を欠いた学級 学級管理と叱責のためにたびたび授業の進度が遅れる
D　統制・低 　　温かさ・高	褒めることや罰など強化をよく利用する 非公式の学級ルールの存在 生徒は自分の行動の限界に気づくよう言われる 生徒は自発性やリスクテーキング行動が許される 教師は仲介者あるいは参加者として振る舞う

トラブルが起きたりしているのは，その授業に対するルーティンが十分に形成されていないからといえる。

2　学級集団の統制と児童生徒の自主性尊重の重要性

　教師として学級集団をまとめようとするとき，教師がルールを作成したり，座席や教室の配置を決めたり，日常の手順を決めたりなど，一方的にコントロールしてはいないだろうか。学級集団での指導を考えるとき，教師はややもすると学級集団を統制しようとし過ぎている。一方で，統制するのではなく，教師が一人ひとりの児童生徒を尊重する姿勢が「温かさ」である。ソアーらは，教師の温かさと統制の2つの要因に関して，学級の雰囲気への影響を考察している。**表14-3**によれば，B条件とD条件の中間あたりがもっとも望ましい学級である。教師には，適度に統制しながら，児童生徒の自主性を重んじ，児童生徒が自ら判断して行動することを重視する立場が必要である。

◆参考文献

狩野素朗・田崎敏昭　学級集団理解の社会心理学　ナカニシヤ出版　1990

河村茂雄　学級崩壊に学ぶ―崩壊のメカニズムを絶つ教師の知識と技術―　誠信書房
　　1999

杉原一昭・新井邦二郎・大川一郎・藤生英行・濱口佳和・笠井仁　よくわかる発達と学習
　　福村出版　1996

田中敏隆（編著）　学生・教師のための教育心理学　田研出版　1995

藤田主一・齋藤雅英・宇部弘子（編著）　新 発達と教育の心理学　福村出版　2013

米澤富士雄・足立正常・倉盛一郎（編著）　教育心理学　北大路書房　1998

特別支援教育の現状を学ぶ

● 1 節　障害の種類

　近年，障害者を取りまく環境は以前に比べると圧倒的に改善されてきたといえる。テレビや動画配信などが，これらのテーマを扱うことも増えてきたが，わが国がめざしている「共生社会」の実現にはまだ道半ばである。

　なお「障害」の表記について，「害」という文字に対してネガティブなイメージが先行してしまうため，「障がい」や「しょうがい」とひらがなで表記する場合もあるが，本書では，法律用語や学術用語としても一般的に使用されている「障害」に統一している。

1　知的障害

　知的障害は，『精神疾患の診断・統計マニュアル　第5版本文改定（DSM-5TR)』において，「知的発達症（知的能力障害)」とも表記され，知的機能や適応機能に基づいて，重症度により軽度，中等度，重度，最重度に分類されている。知的障害は，さまざまな中枢神経系疾患が原因とされ，それは論理的思考，問題解決，計画，抽象的思考，判断等に課題がある。おおむね18歳までに生じ，知能指数（IQ）が70未満となる場合に知的障害と判断される。

　先天的に知的障害がわかる場合もあれば，幼児期にことばの遅れ，たとえば，ことば数が少ない，理解している言語が少ないといった症状などから疑われることもある。診断にあたっては，症状の評価とともに原因疾患の有無を調べる必要がある。原因としては，染色体異常・神経皮膚症候群・先天代謝異常症・胎児期の感染症（先天性風疹症候群など)・中枢神経感染症（細菌性髄膜炎など)・

てんかんなどの発作性疾患があげられ，多岐にわたっている。

2　肢体不自由

　肢体不自由とは，四肢（上肢，下肢），体幹（腹筋，背筋，胸筋，足の筋肉を含む胴体の部分）が病気や怪我で損なわれ，長期にわたり歩行や筆記などの日常生活動作に困難が伴う状態をいう。原因としては，先天性のもの，事故による手足の損傷，あるいは脳や脊髄等の神経に損傷を受けてなるもの，関節等の変形からなるものなどがある。肢体不自由といっても，障害の部位や程度によってかなり個人差がある。たとえば，右手に障害がある場合，左半身に障害がある場合，あるいは両足や全身の運動動作が不自由という場合もある。また障害の程度も，日常生活動作に困難を感じさせない程度から，立ったり歩いたりなどの動作に支障があるため杖や車いすや義足などを必要とする程度，日常動作の多くに介助を要する程度など，さまざまである。

3　視覚障害

　視覚障害とは，眼球，視神経および大脳視中枢などで構成される視覚系のいずれかの部分に障害があるために，見ることが不自由または不可能になっている状態である。視覚的な情報をまったく得られない，またはほとんど得られない「盲」と，文字の拡大や視覚補助具等を使用し保有する視力を活用できる「弱視」に大きく分けられる。また，色彩の弁別能力に障害のある場合もある。

　「盲」とは，明暗の区別のつかない状態も指すが，明暗の区別がつく状態，目の前で手を振ると動いているか止まっているかがわかる状態，目の前で出された指の数がわかる状態も含む。「弱視」には，視力が低い状態の他に，見える範囲が狭い状態，光をまぶしく感じる状態，明るいところではよく見えるのに，夜や暗いところでは見えにくくなる状態などがある。

4　聴覚障害

　聴覚障害とは，医学的には外部の音声情報を大脳に送るための部位（外耳，中耳，内耳，聴神経）のいずれかに障害があるため，聞こえにくい，あるいは聞こえなくなっている状態のことを指す。外耳から中耳に障害があるものを

第 15 章　●　特別支援教育の現状を学ぶ　　　169

「伝音性難聴」，内耳から聴神経にかけて障害があるものを「感音性難聴」といい，感音系と伝音系の両方に障害がある「混合性難聴」もある。

聴覚障害は，聞こえ方に一人ひとり大きな差異がある。「音量が小さくなったようになり，聞き取りづらくなる」「音質が歪む」「音は聞き取れるが内容が聞き分けにくい」など，難聴の程度はさまざまである。補聴器等の装用によって，ある程度音声を聞き取れる軽度・中等度難聴の人であっても，雑音が多い場所では聞きづらくなる。聴覚障害の多くを占める感音性難聴の場合は，とくに音声情報を「音」としては認識していても，「ことば」として正確に内容を聞き取ることが難しい。目の前のひとりの人とは通じても，5人，10人となると（何人かでの雑談，授業の際の質疑応答，ディスカッション等），誰が何を話しているのか認識しづらい。また，とくに近年はマスクを着用することが増えたことにより，音声のみで把握することに困難さが増している。

5 病弱・身体虚弱

病弱とは，心身が病気のため弱っている状態を指す。身体虚弱とは，病気ではないが身体が不調な状態が続く，病気にかかりやすいといった状態をいう。これらの用語は，このような状態が継続して起こる，または繰り返し起こる場合に用いられており，風邪のような症状の場合は該当しない。

学校教育法施行令第22条の3による特別支援学校（病弱）の対象は，「一 慢性の呼吸器疾患，腎臓疾患及び神経疾患，悪性新生物その他の疾患の状態が継続して医療又は生活規制を必要とする程度のもの，二 身体虚弱の状態が継続して生活規制を必要とする程度のもの」とされている。

● 2節　特別支援教育

わが国は，「共生社会」の実現に向けて，インクルーシブ教育システムの導入を進めている。インクルーシブ教育は，単に障害のある者とない者が一緒の教室で学ぶことだけを指すものではない。個別の教育的ニーズのある幼児や児童生徒に対して，自立と社会参加を見据えて，誰もが相互に人格と個性を尊重し支え合い，人々の多様なあり方を相互に認め合える全員参加型の社会をめざ

すための教育システムのことである。そのためのひとつとして，これまで取り組まれてきた特別支援教育のさらなる進化・発展が求められている。

1 特殊教育から特別支援教育へ

2007年，特殊教育から特別支援教育へと法制度が変更された。ひとつは，養護学校（知的障害・肢体不自由・病弱），盲学校，聾学校が，「特別支援学校」へと名称が変更になった。文部科学省によって「従来の特殊教育の対象の障害だけでなく，LD（学習障害），ADHD（注意欠陥多動性障害），高機能自閉症を含めて障害のある児童生徒の自立や社会参加に向けて，その一人ひとりの教育的ニーズを把握して，その持てる力を高め，生活や学習上，困難を改善又は克服するために，適切な教育や指導を通じて必要な支援を行うものである」と定められた。ただし医学用語では，ADHD は注意欠如・多動症，高機能自閉症は自閉スペクトラム症（ASD）とよばれ，教育用語と医学用語に違いがあることも踏まえておく必要がある。

2 特別支援教育を受ける児童生徒

近年，義務教育段階の児童生徒が減少している一方で，特別な支援ニーズのある児童生徒は10年前に比べて倍増している（図15-1）。その受け皿となる学校においては，特別支援学校のみならず通常学級においてもその必要性が増している。

3 学びの場

(1) 特別支援学校　　特別支援学校は，障害のある幼児や児童生徒に対して，幼稚園，小学校，中学校または高等学校に準ずる教育を施すとともに，障害による学習上または生活上の困難を克服し自立を図るために必要な知識技能を授けること目的とする学校である。

【対象障害種】視覚障害者，聴覚障害者，知的障害者，肢体不自由者または病弱者（身体虚弱者を含む）

(2) 特別支援学級　　小学校，中学校等において，以下に示す障害のある児童生徒に対し，障害による学習上または生活上の困難を克服するために設置され

第15章 ● 特別支援教育の現状を学ぶ 171

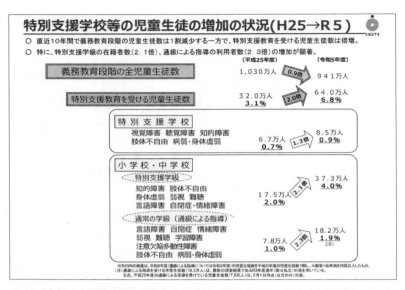

図 15-1　特別支援学校等の児童生徒の増加の状況（H25→R5）（文部科学省による）

る学級である。

【対象障害種】知的障害者，肢体不自由者，病弱者および身体虚弱者，弱視者，難聴者，言語障害者，自閉症者・情緒障害者

(3) 通級指導教室　小学校，中学校，高等学校等において，通常の学級に在籍し，通常の学級での学習におおむね参加でき，一部特別な指導を必要とする児童生徒に対して，障害に応じた特別の指導をおこなう指導形態である。

【対象障害種】言語障害者，自閉症者，情緒障害者，弱視者，難聴者，学習障害者，注意欠陥多動性障害者，肢体不自由者，病弱者および身体虚弱者

(4) 特別支援教室　障害のある児童生徒が，原則として通常の学級に在籍しながら，特別の場で適切な指導および必要な支援を受けることができるような弾力的な形態である。

①特別支援教室１：ほとんどの時間を特別支援教室で特別の指導を受ける形態。
②特別支援教室２：比較的多くの時間を通常の学級で指導を受けつつ，障害の状態に応じ，相当程度の時間を特別支援教室で特別の指導を受ける形態。
③特別支援教室３：一部の時間のみ特別支援教室で特別の指導を受ける形態。

これらの形態はあくまでも例示であるが，組み合わせながら，学校や本人の状態によって変化する。

4 教員免許状

特別支援学校の教員は，原則として，小学校・中学校・高等学校または幼稚園の教員の基礎免許状に加えて，特別支援学校教諭免許状を取得することが必要である。従来，盲学校・聾学校・養護学校ごとに分けられていた教員免許状が，2007（平成19）年に学校教育法等の一部改正によって一本化され，「特別支援学校教諭免許状」となった。さまざまな障害についての基礎的な知識・理解と，特定の障害についての専門性を確保する資格として，大学等における特別支援教育に関する科目の修得状況等に応じて取得することができる。なお，学校教員にかかわるすべての免許状は国家資格ではなく，各都道府県によって授与されるものである。

● 3節　子どものニーズに応じた支援

1 個別の教育支援計画

2003（平成15）年3月，「今後の特別支援教育の在り方について（最終報告）」において，特別支援教育を支える大きな柱のひとつとして「個別の教育支援計画」の概念が導入された。児童生徒の障害の重度・重複化や発達障害への対応などとともに，障害児者を取りまく福祉や医療などの社会制度の改正や，障害者の権利に関する条約批准に向けた動きを加速するためであった。

2008（平成20）年の学習指導要領改訂では，幼・小・中の総則における指導計画の作成等にあたっての配慮事項として，「障害のある児童生徒などについては，特別支援学校の助言又は援助を活用しつつ，例えば指導についての計画又は家庭や医療，福祉等の業務を行う関係機関と連携した支援のための計画を個別に作成することにより，個々の児童生徒の障害の状態等に応じた指導内容や指導方法の工夫を計画的に行うこと」と明記された。これは，学校を中心として作成しつつ，関連する機関のサポートを受けながら教育できる環境整備を計画的に実施していくためのものである。現在，特別支援学校や特別支援学級

第15章 ● 特別支援教育の現状を学ぶ 173

では，この個別の教育支援計画（図15-2）を担任が中心となって作成しているが，通常学校においても必要な場合は積極的に作成していくべきである。

2　個別の指導計画

通常学級においては，相対評価や絶対評価のように数値で表されるものが多く，これは，一律に達成できているかどうかという点で，評価者と対象の児童生徒にとって理解されやすい。しかし，特別支援学校においては，数値化をしてしまうことで評価が低い数値となってしまうことから，個別に指導目標を設定して評

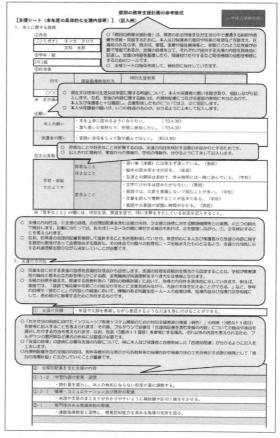

図15-2　個別の教育支援計画（部分）（文部科学省による）

価がなされる「個別の指導計画」（図15-3）が活用されている。たとえば，国語において「漢数字を1から10まで，タブレットのアプリを使ってひとりで入力することができる」という目標に対して，もしひとりでできない場合には教員が見本を見せることや，友だちが入力した漢数字を見せてもらう等の支援方法もあわせて記述する。そして，学期後，または半期後に目標が達成できたかを評価をする。このように達成すべき目標を保護者と担任で共有して，適切に学習を深めていくのである。これには，以前より特別支援学校ごとに作成され，指導に役立ててきた背景もある。

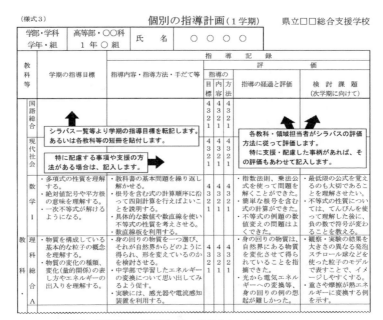

図15-3　個別の指導計画（部分）（山口県教育庁による）

3　教育相談・就学相談

(1) 相談　これは，子どもの教育上の問題や課題などについて，本人，保護者，教員などに適切な助言や支援を計画的かつ継続的におこなうものである。相談内容は多岐にわたり，家庭生活，学校生活，進路など，学びを深めていくためにどのようなサポートができるかを一緒に考えていく。

　相談は担任がおこなうこともあるが，校内にいる特別支援教育コーディネーター，教育委員会の教育相談担当，スクールカウンセラー，スクールソーシャルワーカー等が主担当を務める。

(2) 教育相談　これは，関係者の誰かしらが子どもの状態像から主訴を取り上げ，必要となる関係者に声をかけておこなわれる。まず始めには，教育相談の意義（表15-1）やゴール，守秘義務，合意形成の手順などを確認する。問題が解決しても継続的に集まって教育相談がおこなわれることもあり，子どもの環境を皆で共有しながら進められる。近年では，「チーム学校」（図15-4）

第15章　●　特別支援教育の現状を学ぶ　　　175

表 15-1　教育相談をおこなう意義（後上鐵夫による，筆者一部修正）

1　保護者が子どもの状態を正しく受け止めるための支援活動をおこなう。そのためには相談担当者は保護者の話に耳を傾け，子どもの状態を創造的に考え，保護者と共通理解を支援していくことが大切である。
2　子どもの環境を調整し育ちに即した支援活動をおこなうこと。そのためには，継続した相談活動が必要になる。
3　保護者のニーズに応じた相談活動に支援活動をおこなうこと。良好な親子関係等の維持や再形成に向けて，子どもとのかかわりや支援する。
4　子どもに関する情報センターとしての役割。医療，福祉，教育，就労等さまざまな情報を相談活動のなかで有効に提供しながら，障害のある子どもの理解や育児，指導に対する支援をおこなっていく。
5　相談担当者の臨床や研究の場としての相談活動が活用されることで，指導者としての資質の向上に大きく役立つ。

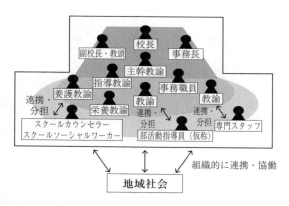

図 15-4　チーム学校（文部科学省による）

として，子どもを支える連携が各所でみられるようになってきた。教育相談がおこなわれる場所も，学校や福祉施設，福祉事務所等，さまざまである。また，ネグレクトの場合は保護者がいない状況で教育相談がおこなわれる場合もある。学校によっては教育相談とよばれることもあるが，「支援者会議」とよばれることもある。

(3) 就学相談　障害のある子どもや課題のある子どもが，より適切な教育を受けるために，保護者に対して実施する就学のための相談である。基本的には，地元の市町村教育委員会や近隣の教育センターが中心となっておこなわれる。最近では，在籍する幼稚園，保育園や小学校の特別支援教育コーディネーターの教員も相談に応じる。

　地方公共団体である各市町村教育委員会は，こうした専門家（医学・心理学・教育学等）が総合的に子どもの状態を的確に判断し，適正に就学できるような助言をおこなっている。また，就学支援シート等を活用し，障害の特性や

現在取り組んでいる状況等を保育士，教員，保護者が一緒に考えて作成する。保護者にとっては期待を膨らませる一方で，そもそも相談することに不安や抵抗を感じる場合も少なくない。考え方の相違から揉めるケースはどこの教育委員会も経験しており，そのようにならないよう事前に説明し，就学先となる学校の教員にも同席を願うなど，子どもの学びの場を第一とした話し合いの場がもたれている。

● 4 節　外部専門家

1　外部専門家導入の経緯

2002（平成 14）年に，「盲・聾・養護学校の専門性向上推進モデル事業」が実施され，医師，理学療法士，作業療法士，言語聴覚士などの医療職だけでなく，心理士，障害者施設，児童相談所，障害者職業センターなどの人材も活用した。これまで個別の指導計画には，詳細なアセスメントや，より包括的なアセスメントによらないものが多くみられた。そのため，外部の人材を活用することにより，子どもの状態像をさまざまな角度でとらえることができ，妥当性の高い個別の指導計画へと改善された経緯があった。これは，2015（平成 27）年の中央教育審議会「チームとしての学校の在り方と今後の改善方策について（答申）」において，外部専門家を本格的に導入するきっかけとなった。一部自治体では，「外部専門員」と表記するところもある。以下，同答申をもとに，一部ではあるが外部専門家の例を示す。

(1) スクールカウンセラー（SC）　心理の専門家として，児童生徒等へのカウンセリングや，困難・ストレスへの対処方法に資する教育プログラムの実施をおこなうとともに，児童生徒等への対応について教職員，保護者への専門的な助言や援助，教育のカウンセリング能力等の向上を図る研修をおこなっている専門職である。

(2) スクールソーシャルワーカー（SSW）　福祉の専門家として，問題を抱える児童生徒等が置かれた環境へのはたらきかけや，関係機関等とのネットワークの構築，連携・調整，学校内におけるチーム体制の構築・支援等の役割を果たす専門職である。

第 15 章　● 特別支援教育の現状を学ぶ　　177

(3) ICT支援員　　ICT支援員は，学校における教員のICT活用（授業，校務，教員研修等の場面）をサポートすることにより，ICTを活用した授業等を教員がスムースにおこなえるように支援する専門職である。

(4) 学校司書　　学校図書館の日常の運営・管理，教育活動の支援等をおこなっている職員（学校図書館法第6条第1項）である。

(5) 医療的ケアをおこなう看護師等　　看護師や准看護師，保健師，助産師は，対象となる児童生徒等に対して，医師の指示の下，学校生活における日常的な医療的ケアを実施するほか，当該児童生徒にかかわる教職員への指導・助言，保護者からの相談への対応，主治医や放課後デイサービス等との連絡を担い，医療的ケアに関する校内体制の中心的役割を果たしている。

(6) 言語聴覚士（ST），作業療法士（OT），理学療法士（PT）等　　障害のある児童生徒等に対し，医学・心理学等の視点による専門的な知識・技術を生かし，教員と協力して指導の改善をおこなうとともに，校内研修における専門的な指導者としての役割を担っている。

(7) 就職支援コーディネーター　　特別支援学校高等部および高等学校において，ハローワーク等と連携して，障害のある生徒の就労先・就業体験先の開拓，就業体験時の巡回指導，卒業後のフォロー等をおこなっており，一人ひとりの障害に応じた就労支援を充実する役割を担っている。

　その他，答申には明記されていない福祉専門職（社会福祉士，精神保健福祉士，児童福祉司），民生委員，警察等の専門職や自治体・関連機関の職員，官民の就労支援サービス等もあげられる。

2　外部専門家に求められていること

　現在，複雑化・多様化した子どもたちの課題を解決するための体制整備が急務となっている。特別支援教育においては，個別の教育支援計画策定における外部専門家の助言・指導を含むことが望ましいとされ，いじめ・不登校等の生徒指導上の課題や貧困問題への対応など，学校だけでは解決しない課題に外部専門家の力が必要となっている。近年では，「チームとしての学校」というパラダイムが示され，教員が学校や子どもたちの実態を踏まえ，学習指導や生徒指導等に集中して取り組むことができる環境づくりをめざしている。文部科学

省は，加えて心理や福祉等の専門スタッフを学校の職員として法令に位置づけ，職務内容等を明確化することにより，質の確保と配置の充実を進めている。

このように，教育課題を解決していくために，外部専門家を導入し，教員への助言ないし児童生徒に直接かかわりあいながら，チームとして機能するようになってきた。外部専門家は，それぞれの専門性を学校で発揮しながら，教員とともに子どもの学びを進めていく必要があろう。

● 5 節　今後の教育について

1　2E教育

発達障害のある児童生徒は，優れた才能をあわせもつことがあり，その才能を伸ばして生かすために，個別の学習ニーズや独特の社会・情緒的ニーズに対処する必要がある。発達障害と才能をあわせて二重の特別支援を要する「2E（twice-exceptional）」（二重に特別な）児童生徒へのあり方が問われるようになってきた。この分野はまだ研究の歴史が浅く，一定のエビデンスはないものの，埋もれた才能をどのように生かしていくかという視点で議論されている。これらの子どもたちは「ギフテッド」や「天才児」と称されることもあり，発達の凸凹さがあることが薄れて誤解を招く表現も多々みられる。そのため，発達障害と才能の2軸に焦点をあてて教育していく必要がある。

2　これからの特別支援教育

特別支援教育がスタートして，もうすぐ20年を迎える。この20年間の動きを概観すると，よい方向へと進んできた。しかしながら，課題はあらゆるところで山積し，誰もがより住みやすい世の中について考えていく必要がある。それは学校教育においても例外ではない。

わが国は特別支援学校を有している。世界は通常学校にどのような子どもたちも通っているので，わが国はスタンダードから外れているといわれる。「特別支援学校」が存在していること自体がいわゆる“分けた世界”を作り出しているという見方をされる。しかし，それは本当だろうか。問題の本質は何か，あらゆるところで議論がおこなわれているが，大事なことは，どの子どもに

第15章 ● 特別支援教育の現状を学ぶ

とっても学びの機会があり，かつその機会を保障されているという考え方である。文部科学省はこの点について言及しており，特別支援学校の存在意義を強調しているのである。

　教育や心理の職に携わる者は，子どもたちが多くの時間を費やす学校現場で，今まさに目の前にいるその子どもを大事に育て，教育・支援していくことを第一に考えることを忘れてはならない。

◆参考文献

柘植雅義（編著）　ユニバーサルデザインの視点を活かした指導と学級づくり　金子書房　2014

柘植雅義・「インクルーシブ教育の未来研究会」（編）　特別支援教育の到達点と可能性―2001～2016年：学術研究からの論考―　金剛出版　2017

藤田主一・齋藤雅英・宇部弘子・市川優一郎（編著）　こころの発達によりそう教育相談　福村出版　2018

索　引

❖人名索引

◆あ

アイゼンク　Eysenck, H. J.　　105

アイビイ　Ivey, A. E.　　153

アイマス　Eimas, P. D.　　29

アドラー　Adler, A.　　4, 108

アリストテレス　Aristotelēs　　1, 101

板倉聖宣　93

井上哲次郎　5

ヴィゴツキー　Vygotsky, L. S.　　21, 95, 116

ウェクスラー　Wechsler, D.　　115

ヴェルトハイマー　Wertheimer, M.　　4

ヴント　Wundt, W.　　2

エインスワース　Ainsworth, M. D. S.　　34

エビングハウス　Ebbinghaus, H.　　1

エリクソン　Erikson, E. H.　　20, 46, 55, 63

エリス　Ellis, A.　　155

エンジェル　Angell, J. R.　　3

オスグッド　Osgood, C. E.　　163

オーズベル　Ausubel, D.　　93

オールポート　Allport, G. W.　　98, 103

◆か

カーウェイト　Karweit, N. L.　　165

カウフマン　Kaufman, A. S.　　112

カウフマン　Kaufman, N. L.　　112

ガードナー　Gardner, H. E.　　112

カーネマン　Kahneman, D.　　102

カルフ　Kalff, D. M.　　156

ガレノス　Galenus　　101

城戸幡太郎　7

ギブソン　Gibson, E. J.　　34

キャッテル　Cattell, J. M.　　5

キャッテル　Cattell, R. B.　　104, 113, 116

キャノン　Cannon, W. B.　　135

ギャラン　Galant, J. S.　　28

キャロル　Carroll, J. B.　　113

キュブラー＝ロス　Kübler-Ross, E.　　72

ギルフォード　Guilford, J. P.　　112

久保良英　7

グレイ　Gray, J. A.　　107

クレッチマー　Kretschmer, E.　　101

クレペリン　Kraepelin, E.　　5

クロー　Kroh, O.　　6

クロニンジャー　Cloninger, C. R.　　107

クロンバック　Cronbach, L. S.　　94

ゲゼル　Gesell, A. L.　　6, 14

ケラー　Keller, J. M.　　81

ケーラー　Köhler, W.　　4, 80

コフカ　Koffka, K.　　4, 13

ゴルトン　Galton, F.　　5

コールバーグ　Kohlberg, L.　　20

ゴールマン　Goleman, D.　　122

◆さ

サーストン　Thurstone, L. L.　　112

サリヴァン　Sullivan, H. S.　　4

サロモン　Salomon, G.　　94

ジェームズ　James, W.　　3

シェルドン　Sheldon, W. H.　102
ジェンセン　Jensen, A. R.　16
シモン　Simon, T.　6
シュテルン　Stern, W.　6, 15, 113
シュトラッツ　Stratz, C. H.　39
シュロスバーグ　Schlossberg, N. K.　66
スキナー　Skinner, B. F.　4, 76, 91, 155
スキナー　Skinner, C. E.　11
スキャモン　Scammon, R. E.　17, 37
鈴木治太郎　114
スノー　Snow, R. E.　94
スーパー　Super, D. E.　59, 64
スピアマン　Spearman, C. E.　112
スピッツ　Spitz, R. A.　32
スラーヴィン　Slavin, R. E.　165
スレーター　Slater, A.　29
ソアー　Soar, R.　166
ソーンダイク　Thorndike, E. L.　6, 75, 123

◆た・な

ダーウィン　Darwin, C. R.　2, 5
高島平三郎　7
田中寛一　114
ツィラー　Ziller, T.　5
ティチナー　Titchener, E. B.　3
デューイ　Dewey, J.　3
ドットソン　Dodson, J. D.　141
トールマン　Tolman, E. C.　4, 79
楢崎浅太郎　7
西　周　5

◆は

ハヴィガースト　Havighurst, R. J.　18
パヴロフ　Pavlov, I. P.　3, 74
パスカリス　Pascalis, O.　30
パーソンズ　Parsons, F.　145
ハーツホーン　Hartshorne, H.　162
バトラー　Butler, R. N.　71
バビンスキー　Babinski, J.　28

ハル　Hull, C. L.　4
バルテス　Baltes, P.　13, 62
ハーロウ　Harlow, H. F.　35
バンデューラ　Bandura, A.　77
ピアジェ　Piaget, J.　20, 44, 116
ビネー　Binet, A.　6, 114, 123
ヒポクラテス　Hippocrates　101
ビューラー　Bühler, C.　6, 20
ファンツ　Fantz, R. L.　30
フェヒナー　Fechner, G. T.　2
プラトン　Plátōn　1
ブルーナー　Bruner, J. S.　92
ブルーム　Bloom, B. S.　128
フレーベル　Fröbel, F. W. A.　5
フロイト　Freud, A.　20
フロイト　Freud, S.　4, 19, 55, 72, 108, 154
フロム　Fromm, E. S.　4
ベイン　Bain, A.　5
ヘヴン　Haven, J.　5
ペスタロッチ　Pestalozzi, J. H.　5
ベスト　Best, C. C.　29
ベック　Beck, A. T.　155
ヘッブ　Hebb, D. O.　112
ヘルバルト　Herbart, J. F.　5
ボウルビィ　Bowlby, J.　36, 71
ホーナイ　Horney, K.　4
ポパー　Popper, K. R.　109
ホームズ　Holmes, T. H.　140
ホリングワース　Hollingsworth, L. S.　54
ホール　Hall, G. S.　5, 49
ポルトマン　Portmann, A.　26
ホーン　Horn, J. L.　113

◆ま・や・ら・わ

マクファーレン　Macfarlane, A.　28
マクロバーツ　McRoberts, G. W.　29
マズロー　Maslow, A. H.　136
松本亦太郎　5
三隅二不二　164

182

ムーア Moore, M. K. 31	リー Lee, J. A. 58
メルツォフ Meltzoff, A. N. 31	ルクセンブルガー Luxenburger, H. 15
モイマン Meumann, E. F. W. 6	ルソー Rousseau, J.-J. 5, 53
元良勇次郎 5	ルリア Luria, A. R. 112
モレノ Moreno, J. L. 159	レイ Rahe, R. H. 140
モロー Moro, E. 28	レイヴ Lave, J. 95
ヤーキーズ Yerkes, R. M. 141	レヴィン Lewin, K. 4, 49, 107, 137
ユング Jung, C. G. 4, 102, 156	ロジャーズ Rogers, C. R. 152
ヨハンソン Johansson, G. 32	ローレンツ Lorenz, K. 31
ライン Rein, W. 5	ワイナー Weiner, B. 89
ラザラス Lazarus, R. S. 141	ワトソン Watson, J. B. 3, 15, 76

❖**事項索引**

◆**あ**

IQ 113	EQ 122
ICT支援員 178	いじめ 142
愛着 34	一般型 17, 37
アイデンティティ 55	イド 4
アイデンティティ拡散 56	意味記憶 83
アイデンティティの再体制化 67	e-ラーニング 91
ARCS（アークス）モデル 81	インターンシップ 60
アセスメント 148	インテーク面接 151
遊び 40	インフォーマル・グループ 158
アタッチメント 34	ウェクスラー式知能検査 115
安全基地 36	Web面接 9
安全の欲求 136	ウェル・ビーイング 122
アンダーアチーバー 120	S-R説 74
アンダーマイニング効果 88	S-S説 79
安定型 35	SOC理論 62
アンビバレンス 72	SD法 163
	ADHD（注意欠陥多動性障害，注意欠如・多動症） 171
	ABC理論 155

索引 183

エピソード記憶　83
LD（学習障害）　171
横断的研究　22
オーバーアチーバー　120
オペラント条件づけ　75
親子関係　54

◆か
外言　21
外向型　102
外的帰属　89
外発的動機づけ　87
回避型　35
カウンセリング　151
カウンセリング・マインド　146
可逆性　46
学習　74
学習曲線　78
学習指導要領　126
学習者検証の原理　91
学習優位　15
学力　119
学力検査（テスト）　119, 131
仮説実験授業　93
カタルシス　152
学級集団　157
学校司書　178
葛藤　137
空の巣症候群　68
加齢　61
感音性難聴　170
感覚記憶　82
環境閾値説　16
看護師　178
観察　129
観察学習　77
観察法　7, 148
記憶　82
気質　98

期待・価値理論　90
技能学習　77
機能心理学　3
ギフテッド　179
キャリア　59
ギャング・エイジ　42
Q-U　162
教育支援センター　151
教育心理学　5
教育相談　145, 175
教育測定　123
教育測定運動　6, 123
教育評価　123
境界人　49
強化感受性理論　107
共感的理解　152
共通特性　104
協同〔的〕学習　81, 96
共同注意　33
クオリティ・オブ・ライフ　73
具体的操作期　44, 45
クライエント中心療法　152
クロスバッテリーアプローチ　116
形式的操作期　44, 46
芸術療法　156
形成的評価　128
系統的脱感作法　155
ゲシュタルト心理学　4
ゲス・フー・テスト　161
結晶性知能　117
原因帰属　89
言語聴覚士（ST）　178
言語能力　39
検査法　148
原始反射　28
効果の法則　6, 75
高機能自閉症　171
高原期　78
公式集団　158

184

構成心理学　2

構造化面接　148

行動主義　3

行動賦活系（BAS）　107

行動抑制系（BIS）　107

行動療法　155

公認心理師　150

更年期　68

刻印づけ　31

個人差　17

個人内評価　127

五段階教授法　5

ごっこ遊び　41

個別式知能検査　114

個別特性　104

コホート分析　23

根源特性　104

混合性難聴　170

コンピテンス　122

◆さ

再生　83

再認　84

作業記憶　83

作業検査法　109, 131

作業療法士（OT）　178

サクセスフル・エイジング　70

3カ月微笑　32

三項随伴性　76

CHC理論　113

シェマ　20, 44

ジェンダー　52, 69

自我　4

視覚障害　169

自我同一性　56

時間見本法　8

ジグソー学習　82, 96

自己一致　153

試行錯誤説　75

自己効力感　48

自己実現　136

自己調整学習　80

思春期　49

思春期スパート　50

自然的観察法　7

肢体不自由　169

実験的観察法　7

疾風怒濤の時期　49

質問紙調査（質問紙法）　9, 109, 130

自動思考　155

シナプス刈り込み　116

自発的微笑　32

自閉スペクトラム症（ASD）　171

社会的参照　33

社会的促進　158

社会的微笑　32

社会的抑制　158

社会的欲求　136

弱視　169

習熟度別指導　94

就職支援コーディネーター　178

就巣性　26

集団　157

集団凝集性　158

集団式知能検査　114

縦断的研究　22

自由連想法　154

主観的幸福感　70

守秘義務　147

受容　152

馴化法　29

準備の法則　6

生涯発達　13

消去　75

状況論的学習　95

象徴的思考　45

承認の欲求　136

情報処理的アプローチ　117

索引　185

初期経験　31

所属と愛の欲求　136

処理水準　84

事例研究　10

神経型　17, 37

神経生理学　118

新行動主義　4

新生児期　26

新生児模倣　32

身体虚弱　170

診断的評価　128

心的特性　9

新フロイト学派　4

信頼性　110

心理検査　9, 129

心理的報酬　76

心理的リアクタンス　76

心理的離乳　54

進路指導　59

スキャフォールディング　96

スキンシップ　35

スクールカウンセラー　150, 177

スクールソーシャルワーカー　150, 177

STEAM教育　121

ストレス　138, 149

ストレッサー　139

ストレンジ・シチュエーション法　34

スモールステップの原理　91

性格　98

性格検査　130

生活年齢　113

生活の質　73

成熟前傾現象　14

成熟優位　14

生殖型　17, 37

成人期　64

精神年齢　113

精神物理学　2

精神分析　4, 108

精神分析療法　154

精神力動説　108

生成効果　84

精緻化　84

成長　13

成長加速現象　14

生徒指導　145

青年期　49

性役割　52

生理的早産　26

生理的欲求　136

積極的反応の原理　91

絶対評価　127

説明責任　147

セルフ・モニタリング　155

先行オーガナイザー　93

選好注視法　29

潜在学習　79

前操作期　44

選択地位指数　161

選択的最適化理論　62

選択排斥地位指数　161

総括的評価　128

想起　84

早期教育　120

双生児研究（双生児法）　14, 120

相対評価　127

相貌的知覚　43

早老症　62

即時フィードバックの原理　91

Society 5.0　121

ソシオ・グラム　160

ソシオ・マトリックス　160

ソシオメトリー　159

ソシオメトリック・テスト　159

組織（協同）的遊び　41

ソーシャルサポート　142, 143

◆た

第一反抗期　44
胎芽期　25
胎児期　25
対象喪失　70
第二次性徴　39, 51
第二の誕生　53
第二反抗期　6, 54
多語文　39
脱中心化　46
妥当性　110
短期記憶　83
知的障害　168
知能　111
知能検査　6, 114, 130
知能指数　113
チーム学校　175
チャイルド・マルトリートメント　118
チャンク　84
中年期　67
聴覚障害　169
長期記憶　83
調査法　148
超自我　4
調節　20, 44
直観的思考　45
通級指導教室　172
DSM-5 TR　168
抵抗型　35
適応　135
適性検査　131
適性処遇交互作用　94
伝音性難聴　170
動因　87
投映法　109, 130
同化　20, 44
動機　86
動機づけ　86
統合　17

洞察学習　80
同調圧力　158
道徳性　20
特性論　103
特別支援学級　171
特別支援学校　171
特別支援学校教諭免許状　173
特別支援教育　170
特別支援教室　172
トークン・エコノミー法　155
トランジション（転機，節目）　66

◆な

内言　21
内向型　102
内的帰属　89
内発的動機づけ　88
二項関係　33
二語文　39
二次的就巣性　26
日本教育心理学会　7
乳児期　26
認知行動療法　155
認知療法　155
粘液起源説　101

◆は

バイオフィードバック法　155
バイオロジカル・モーション　32
胚葉起源説　103
箱庭療法　156
バズ学習　81, 96
パーソナリティ　98
パーソナリティの同心円　99
発見学習　92
発達　13
発達加速現象　14, 50
発達課題　18, 46
発達曲線　37

索引　187

発達段階　18
発達の最近接領域　21
ハロー効果　8
バーンアウト　70, 149
般化　74
半構造化面接　148
反社会的行動　142
汎性欲説　19
ピア・プレッシャー　158
PM理論　164
比較心理学　119
非公式集団　158
非構造化面接　148
PISA　125
非社会的行動　142
ビッグファイブ（主要5因子モデル）　106
PDCAサイクル　124
人-状況論争　107
ひとり遊び　41
非認知的能力　121
評価基準　127
病弱　170
標準学力検査　119
標準偏差　133
表象　20
評定尺度法　8
表面特性　104
ファミリー・アイデンティティ　69
フォーマル・グループ　158
輻輳説　15
不適応　135
不登校　142
プライミング　83
プラトー　78
フリー・ラディカル　62
フリン効果　115
ブレインストーミング　82
プログラム学習　91
プログラム説　61

プロゲリア　62
プロダクティブ・エイジング　71
分化　17
平均値　133
平行遊び　41
ペルソナ（仮面）　100
偏差値　133
偏差知能指数　113
弁別刺激　77
防衛機制　138
傍観者的遊び　41
暴力行為　142
保存の概念　45
ポートフォリオ　131
ホメオスタシス　135

◆ま
マイクロカウンセリング　153
マイペースの原理　91
マザリーズ　29
マージナルマン　49
メタ認知　81
面接　129
面接法　8
メンタルテスト　5
メンタルヘルス　149
盲　169
燃え尽き症候群　70
モラトリアム　56
モラール　163
モンスター（ヘリコプター）・ペアレンツ　147
問題行動　142

◆や
ヤーキーズ・ドットソンの法則　141
野生児　31
ヤングケアラー　150
有意味受容学習　93
誘因　87

遊戯療法　156
友人関係　57
誘発的微笑　32
ゆとり教育　125
欲求　87, 135
欲求不満　137
四性質説　101

◆ら・わ
ライフキャリアレインボー　65
ライフサイクル　46
ラポール　8, 152
理学療法士（PT）　178
離巣性　26
リーダー　164
リーダーシップ　164
リビドー　19

流動性知能　117
両価的感情　72
臨界期　18, 31
臨床心理士　150
リンパ型　17, 37
類型論　101
ルーティン　165
ルーブリック　132
レジリエンス　149
レスポンデント条件づけ　74
恋愛　58
連合遊び　41
練習の法則　6
老化　61
論理療法　155
ワーカホリック　70
ワーキングメモリ　83

編者

藤田主一　　　日本体育大学名誉教授

執筆者（執筆順，担当章）

藤田主一（第1章）　編　者

亀岡聖朗（第2章）　桐蔭横浜大学スポーツ科学部

吉田宏之（第3章）　常磐大学総合政策学部

河野千佳（第4章）　日本大学文理学部

有木永子（第5章）　日本大学国際関係学部

佐藤恵美（第6章）　東京富士大学経営学部

池見正剛（第7章）　日本大学文理学部

齊藤　崇（第8章）　淑徳大学総合福祉学部

松田浩平（第9章）　東北文教大学人間科学部

森脇愛子（第10章）　青山学院大学教育人間科学部

伊坂裕子（第11章）　日本大学国際関係学部

橋本絵里子（第12章）　東京音楽大学音楽学部

伊藤令枝（第13章）　日本大学理工学部

堀　洋元（第14章）　大妻女子大学人間関係学部

鈴木悠介（第15章）　東京都立高島特別支援学校

基本から学ぶ　発達と教育の心理学

2025 年 3 月 15 日　初版第 1 刷発行

編著者　藤田主一
発行者　宮下基幸
発行所　福村出版株式会社
〒 104-0045　東京都中央区築地 4-12-2
　　　　　電話　03-6278-8508　FAX　03-6278-8323
　　　　　https://www.fukumura.co.jp
印　刷　株式会社文化カラー印刷
製　本　協栄製本株式会社

©2025 Shuichi Fujita
Printed in Japan　ISBN978-4-571-22063-0 C3011
定価はカバーに表示してあります。落丁本・乱丁本はお取り替えいたします。

福村出版◆好評図書

藤田主一・齋藤雅英・宇部弘子・市川優一郎 編著
こころの発達によりそう教育相談

◎2,300円　　　ISBN978-4-571-24067-6　C3011

子どもの発達に関する基礎知識，カウンセリングの理論・技法，学校内外の関係者との協働について解説。

藤田主一 編著
新 こころへの挑戦
●心理学ゼミナール

◎2,200円　　　ISBN978-4-571-20081-6　C3011

脳の心理学から基礎心理学，応用心理学まで幅広い分野からこころの仕組みに迫る心理学入門テキスト。

軽部幸浩 編著／長澤里絵・黒住享弘 著
こころの行動と発達・臨床心理学

◎2,300円　　　ISBN978-4-571-23067-7　C3011

心理学の基礎を，初学者向け教科書として発達・対人関係・臨床心理・コミュニケーションを中心に概説。

次良丸睦子・五十嵐一枝・相良順子・芳野道子・髙橋淳一郎 編著
現代の子どもをめぐる 発達心理学と臨床

◎2,400円　　　ISBN978-4-571-23064-6　C3011

乳児期・幼児期・児童期・青年期の子どもの発達の基本を解説。子どもをめぐる臨床的課題についても詳述。

石井正子・向田久美子・坂上裕子 編著
新 乳幼児発達心理学〔第2版〕
●子どもがわかる 好きになる

◎2,300円　　　ISBN978-4-571-23065-3　C3011

「子どもがわかる 好きになる」のコンセプトを継承し，最新の保育士養成課程や公認心理師カリキュラムに対応。

古川 聡 編著
教育心理学をきわめる 10のチカラ〔改訂版〕

◎2,300円　　　ISBN978-4-571-22057-9　C3011

アクティブ・ラーニングの導入や教職課程の改革など，教育現場および大学で進む大きな変化に対応した改訂版。

山崎勝之 編著
日本の心理教育プログラム
●心の健康を守る学校教育の再生と未来

◎2,700円　　　ISBN978-4-571-22061-6　C3011

子どもの心の健康と適応を守るための心理教育プログラム。学校での恒常的安定実施への壁とその突破口を探る。

◎価格は本体価格です。